世界一やさしい
すぐに使える
中国語会話
超ミニフレーズ
300

王 丹
War

Jリサーチ出版

∞ はじめに

超ミニフレーズは「中国語会話の九九」だ

　外国語を学習する際には、まず単語を覚え、その単語をつなぐ文法と文型を覚えていきます。これは算数に例えると、足し算に当たります。

　会話はと言うと、単語や文法、文型を上手に使いこなす必要があり、算数の掛け算に当たるでしょう。しかし、いきなり本格的な会話は難しいもの。そこで、「九九」の登場です。私たちは小学校の頃に大きな声で「九九」を暗唱させられましたね。こうして「九九」をしっかり身につけたおかげで、2桁、3桁の複雑な計算もできるようになったわけです。

　この本で紹介する超ミニフレーズはまさに「中国語会話の九九」に当たるものです。しっかり覚えておけば、中国語を使って自在に話すための基礎になります。

中国語の特徴を理解して話そう

　どの言語もそれぞれ表現の仕方に特徴があります。

　例えば、日本語では「心配しないで」と言うところを、中国語では「**放心吧**─安心しなさい」と言うのが普通です。同じ意味でも、言い方が違うわけですね。

　また、日本語では、相手に向かって何かを話す場合、自分のことを「私」、相手のことを「あなた」とわざわざ言いません。言わなく

てもわかるからです。一方、中国語では、「我—私」「你—あなた」をはっきり言う場合が多いです。例えば、「我请客。」（おごるよ）、「別管我。」（放っておいて）、「您先请。」（お先にどうぞ）、「求求你。」（お願い、この通りです）。その動作を誰が誰に対して行うのかを明白にするのです。

こうした日中の表現法の違いを知っておくと、中国語を上手に操れるようになり、スムーズな意志疎通ができるようになるでしょう。

カンタンな1字フレーズから始めよう

本書は、1字から5字までの超ミニフレーズを300収録しています。どれもが中国語のネイティブスピーカーが日常生活でよく使うものばかりです。

それぞれのフレーズについて、対応する日本語訳のほかに、使う場面や使う際の注意点、発音の仕方などを簡潔に説明しています。

また詳しく取り上げる60のクローズアップ・フレーズには、3〜4つの会話形式の例文が付いています。どんな場面でどのように使うのか、具体的なやりとりを通して、中国語会話の感覚をつかんでいただけるものと思います。

それでは、一番シンプルな「1字フレーズ」からスタートしましょう。

著者

CONTENTS

はじめに ··· 2
超ミニフレーズの練習法 ·· 8
本書の利用法 ·· 10

Chapter 1 ● スタートしよう
1字フレーズ BEST 10 ············· 13

BEST 1	请。	どうぞ。	14
BEST 2	对。	はい。	16
BEST 3	哎。	あれ！	18
BEST 4	嗯。	うん。	20
BEST 5	咳。	ああ。	22
BEST 6-10			24

もっと超ミニフレーズ①　あいさつ ································ 26

Chapter 2 ● だれでも使える
2字フレーズ BEST 60 ············· 27

BEST 1	谢谢。	ありがとうございます。	28
BEST 2	抱歉。	ごめんなさい。	30
BEST 3	真酷！	カッコいい！	32
BEST 4	真的?	本当ですか。	34
BEST 5	干杯！	乾杯！	36
BEST 6	还行。	まあまあです。	38
BEST 7	难怪。	どおりで。	40
BEST 8	糟了！	たいへんだ！	42
BEST 9	加油！	がんばれ！	44
BEST 10	真棒！	すばらしい！	46

BEST 11-15 ……… 48	BEST 16-20 ……… 50	BEST 21-25 ……… 52
BEST 26-30 ……… 54	BEST 31-35 ……… 56	BEST 36-40 ……… 58
BEST 41-45 ……… 60	BEST 46-50 ……… 62	BEST 51-55 ……… 64
BEST 56-60 ……… 66		

もっと超ミニフレーズ② お礼の言葉 …………………………………… 68

Chapter 3 ● こんなに通じる 3字フレーズ BEST 70 …………… 69

BEST 1	恭喜你。	おめでとうございます。	70
BEST 2	没问题。	いいですよ。	72
BEST 3	不可能。	そんなばかな！	74
BEST 4	当然了。	もちろんです。	76
BEST 5	知道了。	わかりました。	78
BEST 6	怎么样？	いかがですか。	80
BEST 7	怎么了？	どうしたの？	82
BEST 8	太好了。	いいですね。	84
BEST 9	为什么？	どうしてですか。	86
BEST 10	真可惜！	惜しい！	88
BEST 11	听你的。	あなたが決めてください。	90
BEST 12	说好了。	話をつけました。	92
BEST 13	真精神！	元気ですね！	94
BEST 14	別着急。	焦らないで。	96
BEST 15	小意思。	たいしたことではないよ。	98

BEST 16-20 ……… 100	BEST 21-25 ……… 102	BEST 26-30 ……… 104
BEST 31-35 ……… 106	BEST 36-40 ……… 108	BEST 41-45 ……… 110
BEST 46-50 ……… 112	BEST 51-55 ……… 114	BEST 56-60 ……… 116
BEST 61-65 ……… 118	BEST 66-70 ……… 120	

もっと超ミニフレーズ③ 強調表現 …………………………………… 122

Chapter 4 ● 気持ちが伝わる 4字フレーズ BEST 80 ……………123

BEST 1	非常感谢。	心から感謝します。…………………………124
BEST 2	真难为情。	本当に恥ずかしいですよ。………………126
BEST 3	当然可以。	もちろん、いいですよ。…………………128
BEST 4	小心点儿。	気をつけてください。……………………130
BEST 5	你说得对。	おっしゃる通りです。……………………132
BEST 6	拜托你了。	お願いしますよ。…………………………134
BEST 7	怎么都行。	どちらでもいいですよ。…………………136
BEST 8	顺利的话。	うまくいけばね。…………………………138
BEST 9	保险起见。	念のために。………………………………140
BEST 10	不太清楚。	よくわかりません。………………………142
BEST 11	我答应你。	約束します。………………………………144
BEST 12	希望很大。	可能性は十分ありますよ。………………146
BEST 13	那到也是。	それもそうですね。………………………148
BEST 14	我没情绪！	その気にならない！………………………150
BEST 15	交给我吧。	私に任せてください。……………………152

BEST 16-20 ……… 154　　BEST 21-25 ……… 156　　BEST 26-30 ……… 158
BEST 31-35 ……… 160　　BEST 36-40 ……… 162　　BEST 41-45 ……… 164
BEST 46-50 ……… 166　　BEST 51-55 ……… 168　　BEST 56-60 ……… 170
BEST 61-65 ……… 172　　BEST 66-70 ……… 174　　BEST 71-75 ……… 176
BEST 76-80 ……… 178

もっと超ミニフレーズ④　感嘆表現……………………………………180

Chapter 5 ● 中国人のように話せる
5字フレーズ BEST 80 ……………181

BEST 1	我马上就来。	すぐ行きますよ。 …………………………182
BEST 2	最近怎么样?	最近いかがですか。 ………………………184
BEST 3	真有两下子。	なかなかやるじゃない。 …………………186
BEST 4	恐怕不会的。	おそらくそうならないでしょう。 …………188
BEST 5	你太客气了。	とんでもありません。 ……………………190
BEST 6	认什么真呀。	むきになるなよ。 …………………………192
BEST 7	天塌不下来。	たいしたことにはならないですよ。 …………194
BEST 8	打起精神来!	元気を出して! …………………………196
BEST 9	举双手赞成。	大賛成です。 ……………………………198
BEST 10	太像话了!	けしからん! ……………………………200
BEST 11	我脱不开身。	手が離せません。 …………………………202
BEST 12	让您费心了。	お気づかいいただきまして。 ………………204
BEST 13	真不敢相信。	本当に信じられません。 …………………206
BEST 14	现在方便吗?	いま大丈夫ですか。 ………………………208
BEST 15	让您破费了。	お金を使わせてしまって。 …………………210

BEST 16-20 ………212	BEST 21-25 ………214	BEST 26-30 ………216
BEST 31-35 ………218	BEST 36-40 ………220	BEST 41-45 ………222
BEST 46-50 ………224	BEST 51-55 ………226	BEST 56-60 ………228
BEST 61-65 ………230	BEST 66-70 ………232	BEST 71-75 ………234
BEST 76-80 ………236		

発音のまとめ ………………………………………………………………238
中国語さくいん ……………………………………………………………243
日本語さくいん ……………………………………………………………250

超ミニフレーズの練習法

超ミニフレーズは次の4つのステップで練習しましょう。
しっかり身につければ、中国語会話の基礎になり、
さまざまなシーンで活躍するでしょう。

CDを聞いて音を確認しよう

　中国語には四声があり、この四声を正確に発音をすることが、相手に伝わるかどうかのカギになります。CDにはネイティブスピーカーの音声が収録されているので、四声を意識しながら、正確な音を聞き取りましょう。

※中国語の音声については、巻末の「発音のまとめ」(p.238)をご参照ください。

声に出して発音しよう

　会話を上達させるには自分で話す練習が不可欠です。CDの音声を真似て、実際に自分で声に出して練習してみましょう。頭の中でつぶやくだけではダメで、自分にもはっきりと聞こえるくらいの大きさの声を出して練習することが大切です。

場面や使い方を知っておこう

　フレーズの日本語訳はもちろん参考になりますが、そのフレーズがもともとどのような意味を表すのか、どのような場面で使うのかを知っておきましょう。フレーズの本来の意味と用法がわかれば、安心して使うことができます。

瞬時に口から出るようにしよう

　フレーズの意味や用法をある程度覚えたら、繰り返しCDを聞き、発音練習をして、最終的に暗記してしまいましょう。必要なときに瞬時に口から出ることが大切です。まず自分が必要とするフレーズを選んで覚えるといいでしょう。

本書の利用法

この本は、よく使う1～5字の超ミニフレーズをマスターするためのものです。短いフレーズなので、しっかり練習して、会話で使いこなせるようにしましょう。60フレーズはクローズアップしてダイアログとともにお届けします。240フレーズは見開きのリストで紹介します。

クローズアップフレーズ

BEST 5

干杯! Gān bēi! [ガン ベイ]

乾杯!

🔊「干 gān」の ā は「エ」のように唇をやや左右に開いて発音します。「杯 bēi」の音は少し強めに伸ばし気味に言いましょう。

❶超ミニフレーズと日本語訳

フレーズには自然な日本語訳をつけました。「フレーズ=日本語訳」のセットで覚えておきましょう。ただ、フレーズによっては別の意味で使うものもあります（☞「使い方のヒント」参照）。

会話で使おう!

❶ 祝福する

Zhù nǐ xìng fú!
A: 祝你幸福!
Gān bēi!
B: 干杯!

（A: あなたの幸せのために。
B: 乾杯!）

❷ 友達と乾杯

Wèi wǒ men de xiāng féng, gān bēi!
A: 为我们的相逢，干杯!
Gān bēi!
B: 干杯!

相逢=「再会」

（A: 私たちの再会を祝して、乾杯。
B: 乾杯!）

❷発音のしかた

ピンインとカタカナの両方を表記しています。また、発音のしかたのポイントを説明しています。この説明をヒントに自分で何度も発音してみましょう。

リストフレーズ

BEST 31-35

● 勘定を頼む

31 卖单。 Mǎi dān. [マイ ダン]

❸ 使い方のヒント

超ミニフレーズを上手に使いこなすためのヒントを紹介します。使うべきタイミングや使うときの注意点、日本語とのニュアンスの違いなどを取り上げます。また、表現のバリエーションも紹介しています。

2字フレーズ BEST

使い方のヒント

楽しいお酒の席で使うひと言です。「干杯」は文字通り「飲み干す」という意味ですが、最近は健康志向が高まり、お酒は自分のペースで楽しむ人が増えてきています。一杯目は乾杯のほうが多いですが、その後、「随意。Suí yì.」(自分のペースで、手酌で)と言っておけば飲み干す必要はなくなります。また、自分のグラスを相手のものより低い位置にして乾杯することで、相手に敬意を表すことができます。

❹ 会話で使おう

超ミニフレーズを実際の会話で使った例を紹介します。短いダイアログが場面別に3〜4種類あります。

❸ 幸運を祈って

Zhù dà jiā wàn shì rú yì,　　gān bēi!
A: 祝大家万事如意，干杯！
Gān bēi!
B: 干杯！

（ A: 皆さんの幸運を祈って、乾杯！
　 B: 乾杯！ ）

❺ 表現ワンポイント

超ミニフレーズに組み込まれた単語や語句のさまざまな使い方を紹介します。表現に焦点を当てたミニコラムです。

表現ワンポイント

中国人はお酒を飲む場合、黙って一人で飲むのではなく、相手に勧めてから飲む習慣があります。そのとき、自分のグラスを掲げて、相手に軽く「来 lái」と言って、一緒に飲むのが一般的です。

2字フレーズ BEST

▶▶ **勘定してください。**

解説 レストランで食事の後の支払いを店員に頼むとき「服务员，买单。Fú wù yuán, mǎi dān.」(すみません。勘定してください)と言います。デパートなどでの買い物の支払いには使いません。

各Chapterの超ミニフレーズの後半は、リストでシンプルに紹介します。発音のしかたを確認して、自分でも声に出して言ってみましょう。「解説」で使い方のヒントを説明しています。

CDの使い方

付属CDを使って、練習を進めましょう。CDは次のように使うと効果的です。

❶超ミニフレーズの発音を確認しよう

　CDはネイティブスピーカーの発音で収録しています。
　四声や中国語独特の発音に慣れるようにしましょう。
　何度も聞いて、音の流れを耳で理解するようにしましょう。

❷超ミニフレーズを自分で言ってみよう

　(中国語)→(日本語)→(ポーズ)→(中国語)の順番で録音されています。
　ポーズのところで自分で声に出して言ってみましょう。

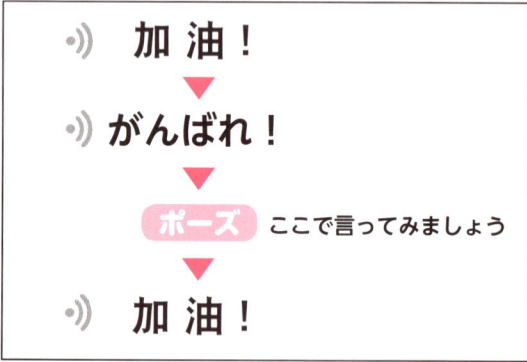

❸会話を聞いてみよう

　クローズアップされた60の超ミニフレーズは「会話で使おう！」のダイアログがすべて収録されています。どんなふうに使われているか、耳で確認しましょう。

Chapter 1 ・ スタートしよう

1字フレーズ
BEST 10

BEST 1

请。 Qǐng. [チィン]

どうぞ。

🔊 qは「キ」ではなく、「チ」と発音してください。最初に「チ」を言って、その後で舌を後ろに引きながら「ン」で終わります。

会話で使おう！

① どうぞ

Ràng wǒ yòng yí xià.
A: 让我用一下。
Qǐng.
B: 请。

让＝「〜させる（使役）」

（ **A:** ちょっと使わせてください。
B: どうぞ。）

② お先にどうぞ

Nín xiān qǐng.
A: 您先请。
Xiè xie.
B: 谢谢。

（ **A:** お先にどうぞ。
B: ありがとう。）

1字フレーズ BEST 10

使い方のヒント

「请」は単独フレーズで使うことが多いです。相手に何かを勧めるとき、手を添えながら「どうぞ」と何かを差し出すときに使います。「请＋動詞」（～をしてください）という形でもよく使います。「请用。Qǐng yòng.」（使ってください）。「请看。Qǐng kàn.」（見てください）。日常生活の中で使う頻度が高い言葉なので、あらかじめ動詞と組み合わせた表現として覚えておいたほうが便利です。

③ 飲み物を勧める

Qǐng hē kā fēi.
A: 请喝咖啡。

Xiè xie nǐ.
B: 谢谢你。

A: コーヒーをどうぞ。
B: ありがとう。

④ 遠慮しないで

Tài xiè xie nǐ le.
A: 太谢谢你了。

Qǐng bié kè qi.
B: 请别客气。

A: 本当に感謝しています。
B: ご遠慮なさらないでください。

BEST 2

对。 Dui. [ドゥイ]

はい。

🔊 舌先を上の歯の後ろに付けた後、離しながら発音します。唇をやや丸めて、発音しながら左右に開き、力を抜きます。

会話で使おう！

❶ 肯定する

Wǒ shuō de duì bú buì?
A: 我说得对不对？
Duì.
B: 对。

(**A:** 私の言ったことが正しいと思いますか。
B: その通りですね。)

❷ 確認されて

Nǐ huì shuō hàn yǔ ba?
A: 你会说汉语吧？
Duì,　huì yì diǎnr.
B: 对，会一点儿。

(**A:** 中国語を話せるでしょ？
B: ええ、少しできます。)

1字フレーズ BEST 10

「そうだ」「そのとおりだ」「同感です」と、相手の言ったことに対して賛成するときに使います。また、相手が話しているとき、「对」と言いながら軽く頷き、あいづちを打つように、「なるほど」「そうだね」という意味でも使えます。

---

❸ 人の発言に納得する

Dà jiā yīng gāi zài shāng liang yí xià.
A: 大家应该再商量一下。

Duì, wǒ yě zhè me rèn wéi.
B: 对，我也这么认为。

商量＝「話し合う」

> A: みんなでもう少し話し合いましょう。
> B: そうですね。私もそう思います。

❹ 念を押す

Tā shuō de shì zhēn de ma?
A: 他说的是真的吗？

Duì, méi cuò.
B: 对，没错。

> A: 彼が言ったことは本当ですか。
> B: 本当です。間違いありません。

BEST 3

哎。 Āi. [アイ]

あれ！

🔊 口を開けすぎないように、「ア」と「エ」の間で短く発音しましょう。意味や場面によって、語尾が高くなったり、低くなったりします。

会話で使おう！

① 驚き・意外を表す（語尾が少し上がる）

　　　　Āi,　　　nǐ hǎo.
A: **哎，你好。**
　　　　Āi,　　　nǐ hǎo.
B: **哎，你好。**

(A: あれ、こんにちは。
　B: やあ、こんにちは。)

② 不満を表す（語尾が少し下がる）

　　　　Āi,　　　nǐ zěn me zhè me shuō?
A: **哎，你怎么这么说？**
　　　　Běn lái jiù shì.
B: **本来就是。**　　　　　　　　　本来＝「もともと、本来」

(A: おい、何てことを言うんだ？
　B: だって。)

1字フレーズ BEST 10

思いがけない人に会って驚いた気持ちを表したり、相手に対して不平や不満の気持ちを表したりします。また、相手の注意を促すときにも使います。中国語のあいさつは基本的には何か言葉を発すればそれで事足ります。しょっちゅう顔を合わせる親しい間柄の若者同士なら、会ったときにお互いに「哎」とだけ言うのもりっぱなあいさつになります。

❸ 注意を促す（語尾が少し上がる）

Āi, nǐ kàn shéi lái le.
A: 哎，你看谁来了。

Shì Lǐ xiān sheng a.
B: 是李先生啊。

(**A:** ほら、誰だと思う？
B: 李さんじゃないか。)

❹ 呼びかける

Āi, wǒ yǒu ge hǎo bàn fǎ.
A: 哎，我有个好办法。

Shén me bàn fǎ?
B: 什么办法?

(**A:** あのね、私にはいい考えがあるんだ。
B: どんな考えなの？)

BEST 4

嗯。 Ng. [ング]

うん。

#

語調は「上がる」「横ばい」「下がる」と3つあり、意味によって変わります。どれも短く軽く発音するのがコツです。

会話で使おう！

❶ 疑問を表す（上がる）

Ng,　　nǐ shuō shén me?
A: 嗯，你说什么？
Wǒ gāi zǒu le.
B: 我该走了。

(**A:** えっ、何か言った？
　B: そろそろ行かないと。)

❷ 予想外のことが起きた（横ばい）

Ng,　　nǐ zěn me hái méi qù?
A: 嗯，你怎么还没去？
Wǒ mǎ shàng jiù zǒu.
B: 我马上就走。

(**A:** えっ、　なんでまだいるの？
　B: すぐ行くよ。)

1字フレーズ BEST 10

 **使い方のヒント**

相手が言ったことに対して疑ったり怪しんだり、または予想外のことに遭遇したときによく使います。こうしたときには少し強めに聞き返すように言います。肯定や承諾を表す場合には、比較的低い声で発音します。

❸ 肯定の返事をする（下がる）

Ng, jiù zhè me bàn ba.
A: 嗯，就这么办吧。

Xiè xie nǐ.
B: 谢谢你。

(A: いいよ、そうしましょう。
  B: ありがとう。)

! 表現ワンポイント

相手が言ったことに対して、すぐに返事の言葉が見つからないとき、あるいは何と答えたらいいかわからないときにも「嗯」を使います。日本語の「えーと」に当たります。少し伸ばし気味に発音しましょう。

BEST 5

咳。 Hāi. [ハイ]

ああ。

口を大きく開けすぎないで、なるべく口の先の部分を使って発音します。「ア」と「エ」の中間くらいの音で発音しましょう。

会話で使おう！

❶ ため息が出るとき

A: **咳**，真倒霉！
Hāi, zhēn dǎo méi!

B: 别介意。
Bié jiè yì.

倒霉＝「不運だ」

A: あ～あ、本当についてないな。
B: 気にしないで。

❷ 後悔する

A: **咳**，我真傻。
Hāi, wǒ zhēn shǎ.

B: 别这么说。
Bié zhè me shuō.

傻＝「バカだ」

A: ああ、私って本当にバカだ。
B: そんなこと言わないで。

1字フレーズ BEST 10

ため息自体を表すことがあり、そのときは息を抜くように「へえ」と暗い口調で発音してください。一方、人を呼び寄せるとか、相手の注意を促すときにも使います。その場合には、短く高いトーンで明るく発音します。両者の言い方を区別しましょう。

❸ 人を呼ぶ・注意する

A: **咳**，我在这儿呢。
Hāi, wǒ zài zhèr ne.

B: 看到了。
Kàn dào le.

A: お～い、ここにいるよ。
B: わかったよ。

❹ 不満を表す

A: **咳**，你这是怎么搞的。
Hāi, nǐ zhèi shì zěn me gǎo de.

B: 对不起，我马虎了。
Duì bu qǐ, wǒ mǎ hu le.

马虎＝「いいかげんな」

A: ああ、何てことをしてくれたんだね。
B: 申し訳ありません。私の不注意です。

BEST 6-10 CD 7

6
- ●承諾する
- 行。 Xíng. [シィン]

7
- ●同意する
- 好。 Hǎo. [ハオ]

8
- ●感心・感動する
- 啊。 Ā. [アー]

9
- ●驚く・了解する
- 噢。 Ō. [オー]

10
- ●呼ばれて返事をする
- 欸。 Èi. [エイ]

1字フレーズ BEST 10

▶▶ いいよ。

解説 相手の誘いや提案などを受け入れるときに使う言葉です。単独フレーズでも使いますし、「行, 我同意。Xíng, wǒ tóng yì.」（いいよ、私は賛成だよ）と文を続けることもできます。

▶▶ いいね。

解説 相手の誘いや提案などを快く受け入れるときのひと言です。「行」と同じ意味ですが、「行」より前向きな意味合いになります。「好, 我同意。Hǎo, wǒ tóng yì.」（いいね、私は大賛成だ）

▶▶ ああ。

解説 美しいものやすばらしいものを目の前にしたときの感嘆の言葉です。「啊, 这儿的风景真美。Ā, zhèr de fēng jǐng zhēn měi.」（ああ、ここの景色は本当にきれいですね）のように、よく文頭に置きます。

▶▶ ああ。

解説 驚くときは「噢, 原来是他。Ō, yuán lái shì tā.」（ああ、やっぱり彼だったのか）、了解するときは「噢, 你也是这么想。Ō, nǐ yě shì zhè me xiǎng.」（そうか、あなたもそう思っているのか）のように使います。

▶▶ はい。

解説 相手が言ったことに対して、承諾・同意する気持ちを表すのに使います。「欸, 就这么办吧。Èi, jiù zhè me bàn ba.」（うん、そうしよう）

もっと超ミニフレーズ ❶ あいさつ

　日本では、お辞儀をすれば、黙っていてもあいさつになります。しかし、お辞儀をする習慣のない中国では、言葉はあいさつを交わす唯一の表現方法です。言い換えれば、内容はともあれ言葉さえ発すればあいさつになるという面もあります。知り合い同士では、相手の様子を見て、それをあいさつの材料にするのが一般的です。

●知り合い同士のあいさつ

Chī le ma?
吃了吗？　　　ご飯を食べましたか。

Chū qù ya?
出去呀？　　　お出かけですか。

Huí lái le.
回来了。　　　お帰りなさい。

Shàng bān qù ya?
上班去呀？　　仕事ですか。

Xià bān le?
下班了？　　　仕事が終わったのですか。

Mǎi dōng xi qù ya?
买东西去呀？　買い物ですか。

Gàn shén me qù ya?
干什么去呀？　何をしに行くのですか。

Chapter 2 ・ だれでも使える

2字フレーズ BEST 60

BEST 1

谢谢。 Xiè xie. [シィエ シィエ]

ありがとうございます。

🔊 「谢 xiè」はなるべく口の先を使って発音してください。2番目の「谢 xie」は軽声なので、短く軽く発音するのがコツです。

会話で使おう！

❶ お礼の基本

Xiè xie.
A: 谢谢。
Bú xiè,
B: 不谢。

> **A:** ありがとうございます。
> **B:** どういたしまして。

❷ しっかり感謝

Tài xiè xie nǐ le.
A: 太谢谢你了。
Bié kè qi.
B: 别客气。

> **A:** 本当にありがとうございます。
> **B:** 気にしないでください。

使い方のヒント

お礼を言う最も一般的な言い方です。軽くお礼を言う場合にも、深謝する場合にも使えます。口調の強弱で使い分けるのが1つの方法です。「谢谢 Xiè xie.」と「谢谢你 Xiè xie nǐ.」は感謝のレベルに差はありません。感謝の理由は「谢谢」の後に続けます。

❸ 贈り物をもらって

Zhèi shì sòng gěi nǐ de.
A: 这是送给你的。

Xiè xie nǐ.
B: 谢谢你。

> **A:** これをあなたに。
> **B:** どうもありがとう。

❹ 感謝の理由を添える

Xiè xie nǐ hái xiǎng zhe wǒ.
A: 谢谢你还想着我。

Méi shén me.
B: 没什么。

> **A:** 私のことを気にかけてくれてありがとう。
> **B:** たいしたことじゃないよ。

BEST 2

抱歉。 Bào qiàn. [バオ チィエン]

ごめんなさい。

🔊 どちらの字も出だしにやや力を入れて、下げ調子で強めに発音してください。口をそれほど開けなくて大丈夫です。

会話で使おう！

❶ 軽く謝る

A: Bào qiàn.
抱歉。

B: Méi guān xi.
没关系。

> **A:** ごめんなさい。
> **B:** いいですよ。

❷ すみません

A: Fēi cháng bào qiàn.
非常抱歉。

B: Méi shén me.
没什么。

> **A:** 本当にごめんなさい。
> **B:** 大丈夫です。

2字フレーズ BEST 60

よく使う謝罪の言葉の1つで、さまざまな場面で使えますが、目上の人には使いません。応答の言葉には「没关系。Méi guān xi.」「没什么。Méi shén me.」「不客气。Bú kè qi.」などがあります。丁寧に謝罪したい場合には、「抱歉」の前に「非常 fēi cháng」「实在 shí zài」など、程度を表す副詞を付けます。

❸ 謝罪の理由を添える

A: Bào qiàn, wǒ lái wǎn le.
抱歉，我来晚了。

B: Xià cì zhù yì.
下次注意。

A: 遅くなってごめんなさい。
B: 次は注意してください。

❹ 申し訳ありません

A: Shí zài bào qiàn, yǐ jīng mài wán le.
实在抱歉，已经卖完了。

B: Shì ma? Zǎo diǎnr lái jiù hǎo le.
是吗？早点儿来就好了。

A: 申し訳ありません。売り切れてしまいました。
B: そうですか。早く来れば良かったです。

BEST 3

真酷！ Zhēn kù. [チェン クゥー]

カッコいい！

🔊 「真 zhēn」はそり舌の発音で、まず舌の先を上の歯の裏に付けて、放しながら、舌をそったまま発音します。「酷 kù」はやや強めに発音すればよりカッコ良さが伝わります。

会話で使おう！

① 車を褒める

Zhèi shì wǒ de xīn chē.
A: 这是我的新车。

Zhēn kù.
B: 真酷。

(**A:** これは私の新車なんだ。
  B: カッコいいね。)

② 洋服を褒める

Zhèi shì Yì dà lì míng páir.
A: 这是意大利名牌儿。

Zhēn kù.
B: 真酷。

名牌儿＝「ブランド」

(**A:** これはイタリアのブランドだよ。
  B: いいね。)

2字フレーズ BEST 60

使い方のヒント

「酷 kù」は、英語の cool から来ていて、意味も発音もそのままで使うようになった、いわゆる外来語です。「いいね」「イケてる」「すてきだね」などのように、相手やその人の持ち物、行動などを褒める言葉です。文脈に応じて、「しぶい」などの意味でも使います。

❸ 旅行計画を立てる

Jīn nián de shèng dàn jié wǒ qù Měi guó.
A: 今年的圣诞节我去美国。

Shì ma? Zhēn kù.
B: 是吗？ 真酷。

圣诞节=「クリスマス」

(**A:** 今年のクリスマスはアメリカに行きます。
B: そうですか。すてきですね。)

❹ ボーイフレンドを褒める

Nǐ jiàn guo Zhēn zhēn de nán péng you ma?
A: 你见过珍珍的男朋友吗？

Jiàn guo. Zhēn kù.
B: 见过。 真酷。

(**A:** ヂェンヂェンちゃんの彼氏に会ったことがある？
B: あるよ。本当にイケメンだね。)

BEST 4

真的? Zhēn de? [ヂェン ダ]

本当ですか。

🔊 「的 de」は口を開けすぎないように、「ア」と「エ」の中間の音で、また軽く流すような感じで発音します。

会話で使おう！

❶ 子供が生まれた

Huān huān shēng le yí ge nán háir.
A: 欢欢生了一个男孩儿。

Zhēn de?
B: 真的?

A: ホゥアンホゥアンが男の子を生みましたよ。
B: 本当ですか。

❷ くじが当たった

Tā zhòng cǎi le.
A: 他中彩了。

Zhēn de?　　Tài bàng le.
B: 真的?　太棒了。

中彩=「くじに当たる」

A: 彼がくじに当たったよ。
B: 本当ですか。すごいですね。

2字フレーズ BEST 60

使い方のヒント

相手が言ったことに対して、「本当ですか」「そうなんですか」と共感を示すときのひと言です。強く上げ調子で言えば、驚いた気持ちを表します。一方、軽く言えば相づちを打つ感じになります。返事では単独でも使えますし、後ろに自分のコメントを付け加えることもできます。

❸ 旧友に会った

Wǒ jīn tiān pèng shang Yáng yáng le.
A: 我今天碰上洋洋了。

Zhēn de? Zài nǎr?
B: 真的？ 在哪儿？

碰上＝「ばったり会う」

(A: 今日ヤンヤンに会ったよ。
  B: 本当？ どこで？)

表現ワンポイント

「真的+〜」は（本当に〜だ）のように文中で意味を強調する表現としても使えます。

真的很好。Zhēn de hěn hǎo.（すごくいいですよ）
真的很好吃。Zhēn de hěn hǎo chī.（すごく美味しいですよ）

BEST 5

干杯! Gān bēi! [ガン ベイ]

乾杯!

🔊 「干 gān」のāは「エ」のように唇をやや左右に開いて発音します。「杯 bēi」の音は少し強めに伸ばし気味に言いましょう。

会話で使おう!

❶ 祝福する

Zhù nǐ xìng fú!
A: 祝你幸福!

Gān bēi!
B: 干杯!

(**A:** あなたの幸せのために。
  B: 乾杯!)

❷ 友達と乾杯

Wèi wǒ men de xiāng féng, gān bēi!
A: 为我们的相逢,干杯!

Gān bēi!
B: 干杯!

相逢=「出会い」

(**A:** 私たちの出会いを祝して、乾杯。
  B: 乾杯!)

2字フレーズ BEST 60

使い方のヒント

楽しいお酒の席で使うひと言です。「干杯」は文字通り「飲み干す」という意味ですが、最近は健康志向が高まり、お酒は自分のペースで楽しむ人が増えてきています。一杯目は乾杯のほうが多いですが、その後、「随意。Suí yì.」（自分のペースで、手酌で）と言っておけば、飲み干す必要はなくなります。また、自分のグラスを相手のものより低い位置にして乾杯することで、相手に敬意を表すことができます。

---

❸ 幸運を祈って

Zhù dà jiā wàn shì rú yì, gān bēi!

A: 祝大家万事如意，干杯！

Gān bēi!

B: 干杯！

（
A: 皆さんの幸運を祈って、乾杯！
B: 乾杯！
）

! 表現ワンポイント

中国人はお酒を飲む場合、黙って一人で飲むのではなく、相手に勧めてから飲む習慣があります。そのとき、自分のグラスを掲げて、相手に軽く「来 lái」と言って、一緒に飲むのが一般的です。

BEST 6

还行。 Hái xíng. [ハイ シィン]

まあまあです。

🔊 2つの字はどちらも思いきり上げ調子で発音してください。日本語の「あれ？」の「れ？」のような要領で発音しましょう。

会話で使おう！

① 料理の味

Wèi dào zěn me yàng?
A: 味道怎么样？

Hái xíng.
B: 还行。

- **A:** お味はいかがでしょうか。
- **B:** まあまあです。

② お腹がすいたか

È bú è?
A: 饿不饿？

Hái xíng. Nǐ ne?
B: 还行。你呢？

- **A:** お腹が空いてない？
- **B:** まあまあです。あなたは？

2字フレーズ BEST 60

使い方のヒント

「还行 hái xíng」は「良くも悪くも中間的である」という意味で使います。「まあ、そんなものかな」という意味合いの言葉です。単独のフレーズとして使うことも、「还行」の後に補足的なコメントを付け加えることもできます。

❸ 料理の腕は？

Tīng shuō nǐ zuò cài de shǒu yì hěn hǎo.
A: 听说你做菜的手艺很好。

Hái xíng.
B: 还行。

手艺＝「技量」

A: 料理がとてもお上手だと聞きましたが。
B: まあまあですね。

❹ 値段は？

Zhèi ge hěn guì ba?
A: 这个很贵吧？

Hái xíng.　Kě yǐ jiē shòu.
B: 还行。可以接受。

接受＝「受け入れる」

A: これは高かったのでしょう？
B: まあまあです。何とかなりました。

BEST 7

难怪。 Nán guài. [ナン グゥアイ]

どおりで。

🔊 「难 nán」は上げ調子で発音します。「怪 guài」は最初は唇をやや丸めて音を出して、「ウ」から「ア」へと下げ調子で発音しましょう。

会話で使おう!

① 英語が上手

Lǐ xiǎo jiě de yīng yǔ shuō de zhēn piào liang.
A: 李小姐的英语说得真漂亮。

Tīng shuō tā zài Niǔ yuē zhù le shí nián.
B: 听说她在纽约住了十年。

Nán guài.
A: 难怪。

纽约=「ニューヨーク」

> A: 李さんの英語はすごくきれいですね。
> B: 彼女はニューヨークで10年間暮らしていたそうです。
> A: どおりで。

40

2字フレーズ BEST 60

使い方のヒント

自分が不思議に思っていることの理由を教えられ、「何だ、そういうことだったのか」「なるほど」「どおりで」と、その結果に納得したときに口にするひと言です。単独のフレーズでも使えますし、「难怪」の後に自分の感想を付け加えることもできます。「难怪」は必ず文頭に置きます。

❷ 同級生なので

Wǒ gēn tā shì dà xué tóng xué.
A: 我跟他是大学同学。

Nán guài nǐ nà me liǎo jiě tā.
B: 难怪你那么了解他。

A: 彼とは大学時代の同級生です。
B: どおりで彼のことをよく知っているんですね。

❸ なるほどと思うとき

Tā shì xīn lái de.
A: 他是新来的。

Nán guài yí wèn sān bù zhī.
B: 难怪一问三不知。 一问三不知=「何を問われてもわからない」

A: 彼は新人ですよ。
B: どおりで右も左もわからないのだ。

BEST 8

糟了！ Zāo le! [ヅァオ ラ]

たいへんだ！

「糟 zāo」は上げ下げなしで、直線的に強く素早く発音してください。「了 le」は軽く短く聞こえるか聞こえないかの程度で発音します。

会話で使おう！

❶ 渋滞に遭う

Yòu dǔ chē le.
A: 又堵车了。
Zāo le.
B: 糟了。

堵车＝「渋滞する」

> **A:** また渋滞か。
> **B:** たいへんだ。

❷ うっかり忘れた

Zāo le, wǒ bǎ zhèi shì wàng de yì gān èr jìng.
A: 糟了，我把这事忘得一干二净。
Zěn me bàn?
B: 怎么办？

一干二净＝「きれいさっぱりに」

> **A:** たいへんだ。すっかり忘れてしまった。
> **B:** どうしましょう？

2字フレーズ BEST 60

使い方のヒント

冷や汗をかくような大変困ったことが起きたときに使う表現です。たとえば、交通事故を見てしまったり、人からとんでもないことを聞いて困ったときなどに、思わず出るひと言です。「しまった」「どうしよう？」「困ったな」という意味です。「坏了。Huài le.」も同じ意味で使えます。

---

③ 車のキーを失くした

Zāo le, wǒ bǎ chē yào shi diū le.
A: 糟了，我把车钥匙丢了。

Bié zháo jí, hǎo hāor zhǎo zhao.
B: 别着急，好好儿找找。

车钥匙＝「車のキー」

> A: 困ったな。車のキーを失くしてしまった。
> B: 落ち着いて、よく探しなさい。

④ 終電を逃した

Zāo le, mò bān chē yǐ jīng kāi zǒu le.
A: 糟了，末班车已经开走了。

Suàn le, dǎ dī ba.
B: 算了，打的吧。

末班车＝「終電」

> A: どうしよう？ 終電が行っちゃった。
> B: しようがない。タクシーを拾おう。

BEST 9

加油！ Jiā yóu! ［ヂァー イオウ］

がんばれ！

🔊 「加 jiā」はやや強く、「油 yóu」は「イ」から「ウ」へとスムーズにつながるように発音しましょう。かけ声として使う場合、「加 jiā」の音を伸ばしてください。

会話で使おう！

❶ 試験に挑戦する

Wǒ zhǔn bèi kǎo guó jiā gōng wù yuán.
A: 我准备考国家公务员。
Shì ma?　　　Jiā yóu!
B: 是吗？ 加油！

准备:「準備する」

> A: 国家公務員試験を受けるつもりです。
> B: そうですか。がんばってね！

❷ 気にしないで

Bú yào gù jì nà me duō,　　jiā yóu.
A: 不要顾忌那么多，加油。
Xiè xie nǐ de gǔ lì.
B: 谢谢你的鼓励。

鼓励:「激励」

> A: あれこれ気にするな。ファイト！
> B: 励ましてくれてありがとう。

2字フレーズ BEST 60

使い方のヒント

「加油 jiā yóu」は元々は「油を加える」という意味で、「車にガソリンを入れる」ことも「加油」と言います。人が何かに挑戦しようと努力しているときに「がんばって」「ファイト！」と相手を激励するときに使います。会話の中でも使いますし、スポーツ観戦のときに選手たちに声援を送るときにも使います。

③ 失敗を恐れず

Zhèi shìr bàn bu chéng zěn me bàn?
A: 这事儿办不成怎么办？

Zhǐ yào jìn lì jiù xíng le.　　Jiā yóu.
B: 只要尽力就行了。加油。

(A: 失敗したらどうしよう？
  B: 全力を尽くせばそれでいい。がんばって。)

! 表現ワンポイント

日本語の「がんばってください」はさまざまな場面で気軽に使える言葉ですが、中国語の「加油」は基本的に相手が何かすごいことに挑戦するときに使います。

BEST 10

真棒！ Zhēn bàng! [チェン バン]

すばらしい！

🔊 「真 zhēn」は舌先が口の上側に付かないようにして発音します。「棒 bàng」は少し強めに下げ調子で発音してください。

会話で使おう！

① 試合の感想

Jīn tiān de bǐ sài zěn me yàng?
A: 今天的比赛怎么样？
Zhēn bàng!
B: 真棒！

(A: 今日の試合はどうだった？
  B: 最高だったよ！)

② 試験に合格した人に

Wǒ kǎo shàng le.
A: 我考上了。
Nǐ zhēn bàng!
B: 你真棒！

(A: 合格しました。
  B: すごいですね！)

2字フレーズ BEST 60

使い方のヒント

相手が何かすばらしいことを成し遂げたときに褒めたり、また風景などに感嘆するのに使います。「すばらしい!」「最高だ!」という意味のひと言です。褒める表現はいくつかありますが、④の「太棒了。Tài bàng le.」も同じように使えるので、一緒に覚えておきましょう。主語を付けることもできます。

❸ 相手を褒める

Nǐ de yīng yǔ zhēn bàng.
A: 你的英语真棒。

Xiè xie nǐ de kuā jiǎng.
B: 谢谢你的夸奖。

夸奖=「称賛(する)」

A: 英語がお上手ですね。
B: ほめていただきありがとうございます。

❹ 風景に感嘆する

Zhèr de fēng jǐng zhēn bàng!
A: 这儿的风景真棒!

Shì a.　　Tài bàng le!
B: 是啊。太棒了!

A: ここの景色、本当にきれいですね。
B: そうですね。本当にすばらしいです!

11

● **基本的なあいさつ**

你好。 Nǐ hǎo. ［ニー ハオ］

12

● **目上の人へのあいさつ**

您好。 Nín hǎo. ［ニィン ハオ］

13

● **感謝する**

多谢。 Duō xiè. ［ドゥオ シィエ］

14

● **相手のお礼に対して**

不谢。 Bú xiè. ［ブー シィエ］

15

● **別れを告げる**

再见。 Zài jiàn. ［ヅァイ ディエン］

2字フレーズ BEST 60

▶▶ こんにちは。

解説 最も一般的なあいさつです。「你好」とあいさつされたら、「你好」と応答すればOKです。

▶▶ こんにちは。

解説 「您」は「你」の丁寧な言い方で、尊敬語に当たります。目上の人には「您好」と言いましょう。「你」を「您」に変えるだけで尊敬語になります。あいさつだけでなく、「谢谢您」など、どの表現でも同様です。

▶▶ ありがとうございます。

解説 相手に感謝の気持ちを伝えるお礼の言葉で、「谢谢」と同じ意味です。「多」が付いているから感謝のレベルが上がるわけではなく、あくまでも「谢谢」と同じように使ってください。

▶▶ どういたしまして。

解説 「不」は「〜をしない」「〜をしなくていい」です。「不谢」を直訳すると「感謝をしなくていい」という意味から、「どういたしまして」になるわけです。お礼を言われたときの最も一般的な応答の言葉です。

▶▶ さようなら。

解説 「见」は「会う、出会う」という意味で、「再び会いましょう」という意味です。次回会う日時を言いたい場合は「日時＋见」という形にします。「明天见。Míng tiān jiàn.」（明日会いましょう）。

BEST 16-20

16 ● 部屋に招き入れる
请 进。
Qǐng jìn. [チィン ディン]

17 ● 席を勧める
请 坐。
Qǐng zuò. [チィン ヅゥオ]

18 ● 人を通す
您 请。
Nín qǐng. [ニィン チィン]

19 ● 承諾する
好 吧。
Hǎo ba. [ハオ バ]

20 ● 許可する
可 以。
Kě yǐ. [カー イー]

2字フレーズ BEST 60

▶▶ お入りください。

解説 「请」は「〜してください」という意味で、「请+動詞」という形で使います。「请」はなるべく低いトーンで発音してください。「进」はやや強めに伸ばし気味に発音しましょう。

▶▶ お座りください。

解説 「坐」は「座る」という意味です。唇をまず少し丸め、発音しながら唇を少し左右に開きます。「ウ」から「オ」へはわずかの変化で大丈夫です。

▶▶ どうぞ。

解説 たとえば、ドアやエレベーターなどで人を先に通してあげたり、人に何かを勧めたりするときに使う丁寧なひと言です。「您先请。Nín xiān qǐng.」とも言います。

▶▶ いいですよ。

解説 たとえば、「一緒にコーヒーでも飲みましょう」と誘われたとき、その誘いを快く受け入れるときの表現です。「吧」は軽く短く発音しましょう。「可以。Kě yǐ.」とも言います。

▶▶ 大丈夫ですよ。

解説 たとえば、「ここでたばこを吸ってもいいですか」とか「ここでお弁当を食べても大丈夫ですか」と聞かれ、「大丈夫ですよ」「いいですよ」と許可するときに使う表現です。この場面で「好吧」は使わないので注意。

21
● 歓迎する
欢迎。 Huān yíng. [ホゥアン イン]

22
● 同意する
同意。 Tóng yì. [トゥン イー]

23
● 積極的に同意する
赞成。 Zàn chéng. [ヅァン チェン]

24
● 受け入れない
反对。 Fǎn duì. [ファン ドゥイ]

25
● 選択を任せる
随便。 Suí biàn. [スゥイ ビィエン]

2字フレーズ BEST 60

▶▶ ようこそ。

解説　友人を自宅に招待して、玄関で出迎えるときに使う歓迎の言葉です。「ようこそお出でくださいました」という意味です。「欢迎，欢迎」と２回繰り返して言う場合も多いですが、歓迎のレベルに差はありません。

▶▶ 同意します。

解説　「同」の母音の ong は鼻にかかる音で、鼻から抜けるように発音しましょう。「意」は下げ調子で発音します。前に主語を付けることもできます。「大家同意。Dà jiā tóng yì」（みんなが同意しています）

▶▶ 賛成します。

解説　相手の意見や意向などに積極的に同意するときの表現です。「赞」は下げ調子でやや強めに発音しましょう。前に主語を付けることもできます。「我们都赞成。Wǒ men dōu zàn chéng.」（われわれはみんな賛成します）

▶▶ 反対します。

解説　「赞成」の反対語で、相手の意見や意向などに同意できないという意思を表します。「对」はやや強めに下げ調子で発音しましょう。「部长反对。Bù zhǎng fǎn duì.」（部長が反対です）

▶▶ どちらでもいいです。

解説　たとえば、相手に「何を食べる？」「どこに行く？」と聞かれ、自分の意見や主張などを放棄し、その選択を相手に任せてしまうときの表現です。口調が大事で、言い方によってはぶっきらぼうに聞こえてしまうので注意しましょう。

BEST 26-30

26 ● 自分の意見を言う
我看。 Wǒ kàn. [ウオ カン]

27 ● 例を挙げる
比如。 Bǐ rú. [ビー ルゥー]

28 ● 正確ではないが
大概。 Dà gài. [ダー ガイ]

29 ● 判断できないとき
难说。 Nán shuō. [ナン シゥオ]

30 ● 当然の悪い結果
活该。 Huó gāi. [ホゥオ ガイ]

2字フレーズ BEST 60

▶▶ 私が思うに。

解説 自分の意見や考えなどを言いたいときに文頭に添える表現です。自分の意見などを後に付け加える形で使います。逆に相手の意見をたずねるときには、「你看 nǐ kàn」を使います。

▶▶ たとえば。

解説 物事を説明する際に、具体例を挙げる前に添えるひと言です。「例如 lì rú」とも言います。いずれも具体例を言う文の頭に付けます。

▶▶ だいたい。

解説 正確ではないが、「だいたいそんなところかな」という表現です。単独でも使えますし、後ろに内容を付け加えることもできます。「大概就是这样。Dà gài jiù shì zhèi yang.」（おおよその状況はこの通りです）

▶▶ 何とも言えない。

解説 たとえば、ある事柄の是非を聞かれて、是か非か簡単に判断できない場合に、「何とも言えない」「よくわからない」という意味で使います。文頭に「很」を付けてもいいです。

▶▶ だから、言ったでしょう。

解説 こちらがアドバイスしたのに、その人がそれを受け入れなかったため、望ましくない結果になったときに言う言葉です。自分が好きではない人の行為に対して、「ざまを見ろ」という意味でも使えます。

BEST 31-35

31 ● 勘定を頼む
买单。
Mǎi dān. [マイ ダン]

32 ● 人や物を褒める
不错。
Bú cuò. [ブー ツゥオ]

33 ● 見た目を褒める
真帅！
Zhēn shuài! [ヂェン シゥアイ]

34 ● 写真を撮る
茄子！
Qié zi! [チィエ ヅ]

35 ● 聞かれたことを聞き返す
你呢？
Nǐ ne? [ニー ナ]

2字フレーズ BEST 60

▶▶ 勘定してください。

解説 レストランで食事の後の支払いを店員に頼むとき「服务员，买单。Fú wù yuán, mǎi dān.」(すみません、勘定してください) と言います。デパートなどでの買い物の支払いには使いません。

▶▶ なかなかのものですね。

解説 直訳すると「悪くない」という意味ですが、実はとても積極的な褒め言葉です。「味道不错。Wèi dao bú cuò.」は「なかなか美味しいですよ」という意味合いです。「错」を強めに発音してください。

▶▶ カッコいい！

解説 カッコいい人はもちろん、車や服など、見た目の良さを褒める表現です。日本人がよく使う「可愛い」とは違います。宝塚の男役の姿をイメージして使えばいいでしょう。

▶▶ はい、チーズ。

解説 「茄子」は「ナス」のことです。発音は口を左右に開き、笑っているように見えます。また、チーズの発音にも似ていることから、写真を撮るときに使うようになりました。「茄」を伸ばしてください。

▶▶ あなたはどうですか。

解説 聞かれたことを答えた後、同じ質問を相手に聞き返すときに使います。省略した形で「名詞＋呢」となります。「昨天很冷，今天呢？ Zuó tiān hěn lěng, jīn tiān ne?」(昨日は寒かったけど、今日は？) のようにも使えます。

BEST 36-40

36
● 人に物を渡す

给你。 Gěi nǐ. ［ゲイ ニー］

37
● 積極的に手伝う

我来。 Wǒ lái. ［ウオ ライ］

38
● カップルが別れた

吹了。 Chuī le. ［チゥイ ラ］

39
● 婉曲的な否定

未必。 Wèi bì. ［ウエイ ビー］

40
● ちょうどいい

真巧。 Zhēn qiǎo. ［ヂェン チィアオ］

2字フレーズ BEST 60

▶▶ はい、どうぞ。

解説 たとえば、「これを貸してください」と言われて、相手にそれを渡すときに言うひと言です。お店で、店員が商品やお釣りを渡すときにも使います。目上の人には、「给您」を使いましょう。

▶▶ 私がしましょう。

解説 相手がやっていることがうまくいかなくて、代わりにやってあげるときに言うひと言です。「来」は「（ある動作を）する」という意味で、「来る」という意味ではありません。

▶▶ 別れました。

解説 付き合っているカップルが別れてしまったことを「吹了」と言います。単独で使ってもいいですが、主語を付けることもできます。「他们两个吹了。Tā men liǎng ge chuī le.」（あの二人は別れてしまいました）。

▶▶ とはかぎりません。

解説 相手の発言に対して、きっぱり否定するのではなく、遠回しに「必ずしも～でない」「～とはかぎらない」「おそらく～はないだろう」と、あいまいに返したいときに使う表現です。

▶▶ グッドタイミングだ。

解説 たとえば、みんなでバーベキューをしていて、ちょうどお肉が焼けているところに来た人に対して、「ちょうどよかった」と言うように使います。反対の言葉は「真不巧。Zhēn bù qiǎo.」（あいにくです）。

41
● 別れるときに
慢走。 Màn zǒu. [マン ヅォウ]

42
● 話をまとめる
总之。 Zǒng zhī. [ヅォン ヂー]

43
● 路上で注意を促す
看车。 Kàn chē. [カン チァー]

44
● 通してほしいとき
劳驾。 Láo jià. [ラオ ディア]

45
● 可能性がある
也许。 Yě xǔ. [イエ シュイ]

2字フレーズ BEST 60

▶▶ お気をつけて。

解説 別れるときに「お気をつけてお帰りください」と相手を気づかうひと言です。文頭に「请」を添えると、いっそう丁寧な言い方になります。「再见」の代わりにもなります。「走好。Zǒu hǎo.」とも言います。

▶▶ 要するに。

解説 結論を言う際に、文頭に添える言葉です。「総じて言えば」「つまり」「とにかく」という意味です。「总而言之。Zǒng ér yán zhī.」とも言います。まとめた内容はその後に続けます。

▶▶ 車に気をつけて。

解説 道端で相手に注意を促すときに使うひと言です。「車に気をつけて」という意味です。素早く言うのが大事です。「車」を強めに発音しましょう。自転車の場合にも使えます。

▶▶ すみませんが。

解説 謝る言葉ではなく、自分が通れるように道を開けてもらうときに使う言葉です。「劳驾」の後ろに「让一下。Ràng yí xià.」を付けて「劳驾，让一下。」とも言います。また、相手に質問するときにも使います。

▶▶ たぶんね。

解説 相手に聞かれた質問に対して、肯定も否定もせずに、ただ、「可能性としてはある」と言いたいときに使う表現です。「也许可以。Yě xǔ kě yǐ.」とも言います。

BEST 46-50

46 ● 値段相応である
值得。 Zhí dé. [ヂー ダ]

47 ● 良くも悪くもない
一般。 Yì bān. [イー バン]

48 ● 質問をする
请问。 Qǐng wèn. [チィン ウエン]

49 ● 呼びかける
先生。 Xiān sheng. [シィエン ション]

50 ● 近況を聞かれて
还好。 Hái hǎo. [ハイ ハオ]

2字フレーズ BEST 60

▶▶ 値段に見合っている。

解説 たとえば、高価なものを買った友人に「ねえ、これ、すごく高かったけど、どう思う？」と聞かれ、「値段に見合った価値があるよ」と言うときの表現です。「値」を上げ調子でやや強めに発音しましょう。

▶▶ まあまあ、普通ですね。

解説 たとえば、あるレストランの「料理の味はどうですか」と聞かれ、良くも悪くもないという場合に使います。普通と言っても、ややマイナスの意味合いがあるので、慎重に使ってください。

▶▶ ちょっとおたずねしますが。

解説 相手に質問する前に添えるひと言です。もちろん、このフレーズを使わずに、いきなり質問してもかまいません。「問」を下げ調子で強めに発音しましょう。少し伸ばしてもかまいません。

▶▶ ～さん。

解説 年齢や未婚・既婚に関係なく、男性には「先生」、女性には「女士 Nǚ shì」と呼びかけます。単独で使ってもいいですし、前に姓を付けて呼ぶこともできます。どれも「○○さん」と訳します。

▶▶ まあまあですね。

解説 たとえば、久しぶりに会った友人に近況をたずねられたときに返事として使うひと言です。「まあまあですね」という意味ですが、プラスの意味合いが強い言葉です。「还行。Hái xíng.」とも言います。

BEST 51-55

51 ● 人の話を引く
听说。 Tīng shuō. [ティン シゥオ]

52 ● ぜんぶ合わせて
一共。 Yí gòng. [イー ゴゥン]

53 ● 驚いたとき
哎呀。 Āi yā. [アイ イヤ]

54 ● 終わらせたい
算了。 Suàn le. [スゥアン ラ]

55 ● 遠慮する
行了。 Xíng le. [シィン ラ]

▶▶ 聞くところによると。

解説 他人が言ったことをそのまま引用するときに使う表現です。引用する内容の前に添えます。引用先を言う場合、「听＋人＋说」、たとえば、「听他说」（彼の話によると）という形になります。

▶▶ 合計で。

解説 すべてを合算して、合計を出すときに使う表現です。合計の内容の前に置きます。「一共多少钱? Yí gòng duō shao qián?」（合計でいくらですか）。「共」を下げ調子で強めに発音しましょう。

▶▶ ええっ！

解説 驚いたとき、意外に思ったときに発する言葉です。単独で使うこともできますし、後ろに自分の感想やコメントを付け加えることもできます。「哎呀, 太贵了。Āi yā, tài guì le.」（ええっ、高すぎるよ）

▶▶ もういいよ。

解説 目の前の望ましくない事態を早く終わらせたいときに使うひと言です。「算了, 算了」と２回繰り返して言うこともありますが、強弱に差はありません。

▶▶ もう結構です。

解説 料理を取ってくれたり、お酒を注いでくれたりする人に、「もう十分ですよ」「もう結構ですよ」と、遠慮の気持ちから言うひと言です。「行了, 行了」と２回繰り返して言うこともありますが、強弱のレベルに差はありません。

BEST 56-60

56 ● スポーツ観戦で
漂亮！
Piào liang! [ピィアオ リィアン]

57 ● 最高の状態
真火。
Zhēn huǒ. [チェン ホゥオ]

58 ● 危機を回避した
真悬！
Zhēn xuán! [チェン シュアン]

59 ● 思い出した
对了。
Duì le. [ドゥイ ラ]

60 ● 電話で待ってもらう
别挂。
Bié guà. [ビエ グゥア]

2字フレーズ BEST 60

▶▶ すばらしい！

解説 たとえば、体操選手が見事に着地を決めたとき、サッカー選手が鮮やかにゴールしたとき、「すばらしい！」「お見事！」という称賛のひと言です。「漂」はやや強く伸ばし気味に発音しましょう。

▶▶ 絶好調ですね。

解説 乗りに乗っている役者、非常に繁盛している飲食店など、その最高の状態を表すひと言です。単独で使ってもいいですし、「那个餐厅真火。Nèi ge cān tīng zhēn huǒ.」(あのレストランはとても繁盛していますね)のように文でも使えます。

▶▶ ぎりぎりだった！

解説 たとえば、車で空港に向かう途中に渋滞にひっかかって、地下鉄などに乗り換え、なんとか間に合ったときの気持ちを表すひと言です。2文字ともにゆっくりと発音しましょう。

▶▶ あ、そうだ。

解説 突然何かを思い出して、それを相手に伝えるときのひと言です。伝える内容の前に置きます。「对了，今天是报名的最后一天。Duì le, jīn tiān shì bào míng de zuì hòu yì tiān.」(そうだ。今日は申し込みの最終日だ)

▶▶ そのまま切らずにお待ちください。

解説 電話中に一時保留にしたりして、相手に電話を切らずに待ってもらいたいときに使うひと言です。「请您别挂。」とすれば、非常に丁寧な言い方になります。「挂」は下げ調子で、やや強めに発音しましょう。

もっと超ミニフレーズ ❷ お礼の言葉

お礼の言葉は、お礼への返事と一緒に覚えておくと便利です。
ここでは、本文で扱わなかったフレーズを中心に紹介します。

●お礼の言葉

Tài xiè xie nín le.
太谢谢您了。　　本当にありがとうございます。

Bù hǎo yì si.
不好意思。　　どうもすみません。

Ràng nín fèi xīn le.
让您费心了。　　お気づかいいただきまして。

Ràng nín pò fèi le.
让您破费了。　　お金を使わせてしまって。

Zhēn guò yì bu qù.
真过意不去。　　本当に申し訳ないですね。（返事にも使える）

●お礼への返事

Bié jiàn wài.
别见外。　　水臭いことを言わないでください。

Bù gǎn dāng.
不敢当。　　恐縮です。

Jì jiā rén.
自家人。　　身内ですから。

Yòu bú shì wài rén.
又不是外人。　　身内じゃありませんか。

Kàn nǐ shuō de.
看你说的。　　そんなことはありませんよ。

Chapter 3 ・ こんなに通じる

3字フレーズ
BEST 70

CD 28 〜 CD 53

BEST 1

Gōng xǐ nǐ. ［ゴゥン シー ニー］

恭喜你。

おめでとうございます。

🔊 「恭 gōng」は高い音でまっすぐ伸ばして、やや強めに発音してください。「喜 xǐ」は声を低くして発音しましょう。

会話で使おう！

❶ 結婚した！

Wǒ zǒngsuàn shì jié hūn le.
A: 我总算是结婚了。
Gōng xǐ nǐ.
B: 恭喜你。

总算=「やっと、どうにか」

A: ようやく結婚しました。
B: おめでとうございます。

❷ 試合に勝った

Wǒ men duì huò dé le dì yī míng.
A: 我们队获得了第一名。
Gōng xǐ nǐ.
B: 恭喜你。

获得第一名=「一位になる」

A: 私たちのチームが優勝しました。
B: おめでとう。

3字フレーズ BEST 70

使い方のヒント

相手におめでたいことがあったときに、祝福するひと言です。単独フレーズでも使えますし、「恭喜＋内容」のように、祝福する内容の言葉を後に付け加えることもできます。また、「恭喜恭喜 gōng xǐ gōng xǐ」と繰り返して言うこともよくありますが、強弱のレベルは同じです。

❸ 昇進した人に

Gōng xǐ nǐ shēng bù zhǎng le.
A: 恭喜你升部长了。

Xiè xie.
B: 谢谢。

（ **A:** 部長昇進、おめでとうございます。
　B: ありがとうございます。 ）

❹ 博士号を取った人に

Gōng xǐ nǐ ná dào bó shì xué wèi.
A: 恭喜你拿到博士学位。

Tuō dà jiā de fú.
B: 托大家的福。

（ **A:** 博士号、おめでとうございます。
　B: みなさんのおかげです。 ）

BEST 2

Méi wèn tí. [メイ ウエン ティー]

没问题。

いいですよ。

「没 méi」は上げ調子、「问 wèn」は下げ調子、「题 tí」は再び上げ調子で発音しましょう。

会話で使おう!

❶ 手伝う

Bāng ge máng, hǎo ma?

A: 帮个忙，好吗?

Méi wèn tí.

B: 没问题。

- A: ちょっと手伝ってもらえますか。
- B: いいですよ。

❷ 写真を撮る

Bāng wǒ men zhào zhāng xiàng, hǎo ma?

A: 帮我们照张相，好吗?

Méi wèn tí.

B: 没问题。

- A: 写真を撮っていただけますか。
- B: いいですよ。

3字フレーズ BEST 70

使い方のヒント

人に何かを頼まれたときに、「もちろん、いいですよ」「お安いご用です」と、気持ちよく引き受けるときのひと言です。また、お礼を言われたときに「いいんですよ」とか「どういたしまして」のように返す言葉としても使えます。

❸ 話をする

Xiàn zài jiǎng huà fāng biàn ma?
A: 现在讲话方便吗？

Méi wèn tí, nǐ shuō ba.
B: 没问题，你说吧。

> A: いま話しても大丈夫ですか。
> B: いいですよ、どうぞ。

❹ ランチの約束

Míng tiān yì qǐ chī wǔ fàn, zěn me yàng?
A: 明天一起吃午饭，怎么样？

Méi wèn tí, chī shén me?
B: 没问题，吃什么？

> A: 明日、一緒にランチはどう？
> B: 大丈夫だよ、何にする？

BEST 3

Bù kě néng. [ブー カー ネン]

不可能。

そんなばかな！

「可 kě」は「カ」と「ウ」の中間くらいの音で、口を開けすぎないように発音しましょう。「能 néng」は上げ調子で発音してください。

会話で使おう！

① 偽ブランド

Zhèi shì jiǎ de.
A: 这是假的。
Bù kě néng.
B: 不可能。

(**A:** これは偽ものですよ。
B: そんなばかな。)

② 試合に負けた

Bǐ sài yǐ sān bǐ líng shū gěi le duì fāng.
A: 比赛以3比0输给了对方。
Bù kě néng.
B: 不可能。

输=「負ける」

(**A:** 試合は3対0で負けました。
B: そんなばかな。)

3字フレーズ BEST 70

> **使い方のヒント**
>
> 自分が予想していた結果に相反する結果を告げられたとき、また、予想外のことを言われたとき、「そんなの、あり得ない」と、その可能性を否定するひと言です。「怎么可能。Zěn me kě néng.」とも言います。

❸ カップルが別れた

Tīng shuō tā men liǎ chuī le.
A: 听说他们俩吹了。

Zhēn de ma?　Bù kě néng.
B: 真的吗？ 不可能。

吹=「だめになる」

(**A:** あの二人が別れたそうです。
B: 本当ですか。ありえないですね。)

❹ ミスを指摘された

Nǐ bǎ shí jiān gǎo cuò le.
A: 你把时间搞错了。

Bù kě néng.　Nǐ zài hǎo hāor kàn kan.
B: 不可能。 你再好好儿看看。

搞=「する、やる」

(**A:** 時間を間違えましたよ。
B: そんなはずはありません。もう一度確認してください。)

BEST 4

Dāng rán le. [ダン ラン ラ]

当然了。

もちろんです。

🔊 「当 dāng」はやや強めに発音して、「然 rán」はそり舌の発音で、舌先が口の上側に付かないようにします。

会話で使おう！

① 結婚式に誘われて

Wǒ de hūn lǐ, nǐ lái ma?
A: 我的婚礼，你来吗？

Dāng rán le.
B: 当然了。

> A: 私の結婚式に来てくれますか。
> B: もちろんですよ。

② 確認する

Nǐ zhēn de zhè me rèn wéi ma?
A: 你真的这么认为吗？

Dāng rán le.
B: 当然了。

> A: あなたは本当にそう考えていますか。
> B: もちろんです。

3字フレーズ BEST 70

使い方のヒント

相手に聞かれたことに対して、「そんなことを聞くまでもないでしょう」とか「それは言うまでもないでしょう」と、当然であることを表明するひと言です。日本語では「当然」だけでいいですが、中国語では「当然」の後に「了」を付け加えることを忘れないでください。

③ 相手の意向を聞く

Nǐ néng péi wǒ qù ma?
A: 你能陪我去吗?

Dāng rán le.　Suí shí fèng péi.
B: 当然了。随时奉陪。

奉陪=「相手をする」

> A: 一緒に行ってくれますか。
> B: もちろん。いつでも大丈夫ですよ。

④ 自信があるか

Nǐ yǒu bǎ wò ma?
A: 你有把握吗?

Dāng rán le.　Hái yòng shuō ma?
B: 当然了。还用说吗?

把握=「自信、勝算」

> A: 自信がありますか。
> B: もちろんです。言うまでもありません。

BEST 5

Zhī dào le. [ヂー ダオ ラ]

知道了。

わかりました。

🔊 「知 zhī」はそり舌の発音で、まず舌の先を上の歯の裏に付けて、放しながら、舌をそったまま発音します。息が舌先の上を出るような感覚で発音しましょう。

会話で使おう！

❶ 念を押される

Bié wàng le.
A: 别忘了。

Zhī dào le.
B: 知道了。

(**A:** 忘れないでよ。
  B: わかっている。)

❷ 誘いを断られて

Duì bu qǐ,　　wǒ méi yǒu shí jiān.
A: 对不起，我没有时间。

Zhī dào le.
B: 知道了。

(**A:** すみません、時間がありません。
  B: わかりました。)

3字フレーズ BEST 70

使い方のヒント

相手が言ったことや、頼んだことなどに対して、「わかった」という返事をするときに使います。口調が大切です。ぶっきらぼうな口調で言うと、「あなたに言われなくてもわかっている」という意味合いになってしまいます。その場合は「知」を伸ばし気味に発音します。

❸ 頼まれて

Qǐng nǐ gào su tā.
A: 请你告诉他。

Zhī dào le. Fàng xīn ba.
B: 知道了。放心吧。

(A: 彼に伝えてください。
  B: わかりました。安心してください。)

! 表現ワンポイント

「知道了」と「明白了 míng bai le」は日本語でいずれも「わかる」と訳します。「知道了」は情報として了解したという意味で、「明白了」は内容について理解したという意味です。

BEST 6

Zěn me yàng? [ヅェン マ ヤン]

怎么样？

いかがですか。

🔊 「怎 zěn」は口を大きく開けすぎないで、「エ」の音で発音してください。「样 yàng」は思いきり下げ調子で発音しましょう。

会話で使おう！

❶ 親しい間柄のあいさつ

Zěn me yàng?
A: 怎么样？

Yì bān.
B: 一般。

(**A:** どう？
B: まあまあだよ。)

❷ 仕事について聞く

Zuì jìn gōng zuò zěn me yàng?
A: 最近工作怎么样？

Hái hǎo,　bú tài máng.
B: 还好，不太忙。

(**A:** 最近、仕事はいかがですか。
B: 普通で、あまり忙しくありません。)

3字フレーズ BEST 70

> **使い方のヒント**
>
> 使う範囲が広くて、とても便利な言葉です。相手の生活、仕事、家族などの状況について聞くときに使います。また、あいさつとしても使うことが多いです。さらに、自分の考えや意見、意向などを先に述べて、その後に「怎么样」を付け加えると、「私は〜と考えていますが、いかがですか」と相手の意見を確認するのに使えます。

❸ 人の近況を聞く

Jiā li rén zěn me yàng?
A: 家里人怎么样?

Tuō nǐ de fú, dōu hěn hǎo.
B: 托你的福,都很好。

> **A:** ご家族の方はみんなお元気ですか。
> **B:** おかげさまで、みんな元気です。

❹ 相手の意向を聞く

Wǎn shang qù hē yì bēi, zěn me yàng?
A: 晚上去喝一杯,怎么样?

Hǎo a.
B: 好啊。

> **A:** 夜、飲みに行きませんか。
> **B:** いいですよ。

BEST 7

Zěn me le? [ヅェン マ ラ]
怎么了？

どうしたの？

🔊 「怎 zěn」は口を大きく開けすぎず、「エ」の音で発音し、声を抑えるような感じで言いましょう。「了」は軽く短く発音します。

会話で使おう！

❶ 相手の様子がおかしい

Zěn me le?
A: 怎么了？

Méi shén me.
B: 没什么。

- **A:** どうしたの？
- **B:** 何でもありません。

❷ びっくりして

Nǐ de shǒu zěn me le?
A: 你的手怎么了？

Zuò fàn shí tàng zhe le.
B: 做饭时烫着了。

烫=「火傷をする」

- **A:** その手はどうしたの？
- **B:** 料理をしているときに火傷をしちゃって。

3字フレーズ BEST 70

使い方のヒント

相手が普段と違う様子を見て、その理由を聞くときに使うひと言です。口調や言い方がとても大事です。やさしい口調で言うと、相手を気づかう感じで、ぶっきらぼうな口調で言うと、「なんだよ」と突き放した感じに聞こえてしまいます。

❸ 目の前の状況に驚く

Zhèi shì zěn me le?
A: 这是怎么了？

Shéi zhī dào?
B: 谁知道？

> **A:** これは一体どうしたの？
> **B:** 知りませんよ。

表現ワンポイント

「怎么了？」と単独フレーズで使うことが多いですが、少し言葉を足して使うこともあります。たとえば「这是怎么了？ Zhèi shì zěn me le?」（それは一体どうしたの？）。「又怎么了？ Yòu zěn me le?」（今度は何だ？）という言い方もあります。

BEST 8

Tài hǎo le. [タイ ハオ ラ]

太好了。

いいですね。

🔊 「太 tài」はやや強めに下げ調子で発音してください。後の2字はさらっと流すような感じで軽く発音しましょう。

会話で使おう！

❶ 助けてもらって

Wǒ jiāo nǐ ba.
A: 我教你吧。

Tài hǎo le.　　Xiè xie.
B: 太好了。谢谢。

> **A:** お教えしましょうか。
> **B:** 良かったです。ありがとうございます。

❷ 誘いを受ける

Yì qǐ qù kàn diàn yǐng ba?
A: 一起去看电影吧？

Tài hǎo le.
B: 太好了。

> **A:** 一緒に映画を見に行きませんか。
> **B:** いいですね。

3字フレーズ BEST 70

使い方のヒント

自分の目の前にある物が「すばらしい」、自分が体験したことが「すごく良かった」などと感想を述べるのに使います。また、相手のために一緒に喜んであげるために、「それは良かったですね」という意味でも使えます。

❸ 一緒に喜ぶ

Wǒ zài Xià wēi yí mǎi bié shù le.
A: 我在夏威夷买别墅了。

Tài hǎo le. Zhēn xiàn mù nǐ.
B: 太好了。真羡慕你。

夏威夷＝「ハワイ」

A: ハワイに別荘を買いましたよ。
B: いいですね。羨ましいですよ。

❹ 感想を言う

Jīn tiān de yīn yuè huì tài hǎo le.
A: 今天的音乐会太好了。

Shì de. Fēi cháng hǎo.
B: 是的。非常好。

A: 今日のコンサートはすごく良かったです。
B: そうですね。本当にすばらしかったですね。

BEST 9

Wèi shén me? [ウエイ シェン マ]

为什么？

どうしてですか。

🔊 「为 wèi」はやや強めに下げ調子で発音して、「什 shén」は上げ調子で、「么 me」は軽く発音しましょう。

会話で使おう！

❶ カップルが破局

Tā men liǎ nào fān le.
A: 他们俩闹翻了。

Wèi shén me?
B: 为什么？

闹翻＝「仲違いする」

(**A:** 彼ら二人は喧嘩別れしましたよ。
  B: どうしてですか。)

❷ 理由を聞く

Duì bu qǐ, wǒ míng tiān qù bu liǎo le.
A: 对不起，我明天去不了了。

Wèi shén me?
B: 为什么？

〜不了＝「〜できない」

(**A:** すみません、明日は行けなくなりました。
  B: どうしてですか。)

3字フレーズ BEST 70

使い方のヒント

相手の言ったことに対して、その理由を聞くのに使います。「どうしてですか」とか「それは一体なぜですか」という意味を表します。この場合、単独フレーズで使うことが多いです。

③ 相手を責める

Wèi shén me bù zǎo shuō?
A: 为什么不早说？

Shí zài duì bu qǐ, wǒ gěi wàng le.
B: 实在对不起，我给忘了。

A: どうしてもっと早く言わなかったの？
B: 申し訳ない、忘れてしまって。

表現ワンポイント

「为什么」は理由を聞くほかに、相手を責めるという用法もあります。責める内容の前に置きます。「为什么+○○」という形になります。単に理由を聞いているのか、それとも責めているのかは、状況や口調で判断しましょう。

BEST 10

Zhēn kě xī! [チェン カー シー]
真可惜！

惜しい！

🔊 「真 zhēn」はそり舌の発音で、まず舌の先を上の歯の裏に付けて、放しながら、舌をそったまま発音します。「可 kě」は「エ」と「ウ」の中間くらいの音で発音しましょう。

会話で使おう！

❶ 試験の結果

Lí mǎn fēn jiù chà yì fēn.
A: 离满分就差一分。

Zhēn kě xī!
B: 真可惜！

(**A:** あと一点で満点ですよ。
  B: 惜しい！)

満分＝「満点」

❷ もう少しだった

Jiù chà yì diǎnr.
A: 就差一点儿。

Zhēn kě xī!
B: 真可惜！

(**A:** もう少しだったのに。
  B: それは惜しいですね！)

3字フレーズ BEST 70

使い方のヒント

たとえば、「あと少し早く来れば手に入ったのに」とか「一本前の電車に乗れば間に合ったのに」という残念な気持ちを表すときに使うひと言です。「真可惜」の後に具体的な事柄を付け加えることもできます。「真可惜他没考上。Zhēn kě xī tā méi kǎo shàng.」（彼が合格しなかったのはとても残念です）

❸ くじけないで

Zhēn kě xī!
A: 真可惜！

Bié huī xīn, jì xù nǔ lì.
B: 别灰心，继续努力。

- A: 惜しかったよ！
- B: 落ち込まないで、またがんばって。

❹ 残念に思う

Jīn tiān shì tā zuì hòu yì chǎng yǎn chū.
A: 今天是他最后一场演出。

Zhēn kě xī!
B: 真可惜！

- A: 今日は彼の最後の舞台です。
- B: とても残念ですね！

BEST 11

Tīng nǐ de. ［ティン ニー ダ］

听你的。

あなたが決めてください。

🔊 「听 tīng」は鼻にかかる母音で、なるべく喉の奥を意識して発音してください。「你 nǐ」は低い声で、「的 de」は軽く短く発音しましょう。

会話で使おう！

① 料理を決める

Nǐ xiǎng chī shén me?
A: 你想吃什么？

Tīng nǐ de.
B: 听你的。

(**A:** 何が食べたいですか。
B: あなたが決めてください。)

② 買い物をする

Nǐ kàn mǎi jǐ ge?
A: 你看买几个？

Tīng nǐ de.
B: 听你的。

(**A:** いくつ買いますか。
B: あなたが決めればいいです。)

3字フレーズ BEST 70

使い方のヒント

たとえば、約束の日時や場所などを決める際に、完全に相手の都合に任せてもいいという場合に使う表現です。また、自分の意見、意向などを求められた場合、自己主張を放棄したいときに便利な言葉でもあります。「听你的」は「あなたの決めたことに私は従います」というのが本来の意味です。

❸ 行動を決める

Nǐ shuō míng tiān qù bú qù?
A: 你说明天去不去？

Zěn me dōu xíng.　Tīng nǐ de.
B: 怎么都行。听你的。

A: 明日行ったほうがいいですかね。
B: どちらでもいいです。あなたに従います。

表現ワンポイント

「相手が決めたことに自分が従う」という表現は中国語にはいくつかあります。たとえば、「随便 suí biàn」「都行 dōu xíng」「你说吧 nǐ shuō ba」などはどれも同じ意味で、同じように使えます。ぶっきらぼうに言うと、投げやりなイメージを与えてしまうので、言い方に注意しましょう。

BEST 12

Shuō hǎo le. [シゥオ ハオ ラ]

说好了。

話をつけました。

「说 shuō」は唇をやや丸めて発音しながら左右に開きます。「sh」はそり舌の発音で、舌先が口の上側に付かないように発音します。

会話で使おう!

① 相手に話をつけた

Shì qing zěn me yàng?
A: 事情怎么样?

Méi wèn tí.　　Shuō hǎo le.
B: 没问题。说好了。

(**A:** 状況はいかがですか。
　B: 大丈夫です。話をつけました。)

② うまく頼めた

Míng tiān tā lái jiāo wǒ men,　shuō hǎo le.
A: 明天他来教我们，说好了。

Zhēn de?　　Zhēn yǒu nǐ de.
B: 真的? 真有你的。

(**A:** 彼は明日私たちに教えに来てくれると約束してくれました。
　B: 本当ですか。さすがですね。)

3字フレーズ BEST 70

使い方のヒント

相手と約束を交わしたり、少々ややこしい問題をなんとか相手に納得させて円満に解決の方向に導くことができたときの表現です。「約束をとりつけた」「話がまとまった」という意味で使います。

③ 約束した

Wǒ gēn tā shuō hǎo le.
A: 我跟他说好了。

Nà jiù fàng xīn le.
B: 那就放心了。

(**A:** 彼と約束をしました。
B: それなら安心ですね。)

表現ワンポイント

「说好了」は人間関係を明示して、「A 跟 B 说好了」（A さんが B さんと約束した）という形でも使えます。約束した内容はその後に付け加えます。「我跟田中先生说好了，他给我们回话。Wǒ gēn Tián zhōng xiān sheng shuō hǎo le, tā gěi wǒ men huí huà.」（田中さんは私たちに返事をすると約束してくれました）

BEST 13

Zhēn jīng shen! [チェン ヂィン シェン]
真精神！

元気ですね！

🔊 「精 jīng」は鼻にかかる母音で、なるべく喉の奥を意識して発音してください。「精神 jing shen」はやや強めに発音しましょう。

会話で使おう！

① 元気なお年寄りに

Lǎo dà ye, nín gāo shòu le?
A: 老大爷，您高寿了？

Bā shi wǔ suì le.
B: 八十五岁了。

Zhēn jing shen!
A: 真精神！

高寿＝「お年はいくつ？」

A: お爺さん、おいくつでいらっしゃいますか。
B: 85歳だよ。
A: お元気ですね！

3字フレーズ BEST 70

使い方のヒント

「精神」は「元気で格好いい」という意味で、男女を問わずに使えます。相手が若い人の場合、そのファッションや容姿などを褒めるときに使います。お年寄りの場合、「若々しく見えて元気だ」という意味になります。「可愛い」というイメージはなく、あくまで「格好いい」という場合に使います。

❷ 格好を褒める

Nǐ jīn tiān de dǎ ban zhēn jīng shen!
A: 你今天的打扮真精神！

Xiè xie.
B: 谢谢。

打扮=「格好、身なり」

A: 今日のその格好、すてきですよ！
B: ありがとう。

❸ 容姿を褒める

Nèi ge yǎn yuán zhǎng de zhēn jīng shen.
A: 那个演员长得真精神。

Kě bu shì ma.　　Zhēn shuài.
B: 可不是吗。真帅。

A: あの俳優、カッコいいですね。
B: 本当。イケメンですね。

BEST 14

Bié zháo jí. [ビエ ヂャオ ヂー]

别着急。

焦らないで。

🔊 真ん中の「着 zháo」はそり舌の発音です。3文字とも思いきり上げ調子で発音しましょう。

会話で使おう！

① ゆっくりどうぞ

Wǒ mǎ shàng jiù gàn.
A: 我马上就干。

Bié zháo jí.
B: 别着急。

(A: いますぐにやりますから。
  B: 焦らなくていいですよ。)

② 明日まで待てる

Pīn mìng gàn de huà, jīn tiān jiù kě yǐ gàn wán.
A: 拼命干的话，今天就可以干完。

Bié zháo jí, míng tiān zuò wán jiù kě yǐ le.
B: 别着急，明天做完就可以了。 拼命=「必死に」

(A: がんばれば今日中にできます。
  B: ゆっくりでいいですよ。明日に終わればいいです。)

3字フレーズ BEST 70

使い方のヒント

相手をあわてさせないように、やさしく声をかけてあげるときのひと言です。たとえば、コピー機を誰かが使っていて、あなたがその人の後ろに並んだとき、その人が急いでコピーを終わらせようとしたら、「別着急,慢慢儿来。Bié zháo jí, màn mānr lái.」（焦らないで、ゆっくりでいいですよ）というふうに言います。

③ 間違わないように

Wǒ tè jǐn zhāng.
A: 我特紧张。

Bié zháo jí.　　Bù rán gāi chū cuò le.
B: 别着急。不然该出错了。　　不然＝「そうでないと」

（
A: 私はすごく緊張しています。
B: 落ち着いて。でないとミスをしてしまいますよ。
）

! 表現ワンポイント

「着急」は「焦る、いらいらする、気をもむ」という意味で、「別」は「～をするな」「～をしないで」という意味です。「別急。Bié jí.」「不要着急。Bú yào zháo jí.」とも言います。

BEST 15

Xiǎo yì si. [シィアオ イース]
小意思。

たいしたことではないよ。

🔊 「小 xiǎo」は口を左右に開いた状態で発音しながら少し丸めます。「思 si」は口を丸めずに、「イ」の音で発音しましょう。

会話で使おう！

❶ 贈り物のお礼に

Zhè me guì zhòng de dōng xi, shí zài bù gǎn dāng.
A: 这么贵重的东西，实在不敢当。

Xiǎo yì xi.
B: 小意思。

> **A:** こんな豪華なものをいただいて、恐縮です。
> **B:** ほんの気持ちです。

❷ お礼への返答

Zěn me xiè nǐ hǎo ne?
A: 怎么谢你好呢？

Xiǎo yì xi.
B: 小意思。

> **A:** なんとお礼を言ったらいいのか。
> **B:** たいしたことではないよ。

3字フレーズ BEST 70

使い方のヒント

お礼に対する返答は「不客气。Bú kè qi.」「别客气。Bié kè qi.」「没关系。Méi guān xi.」が一般的です。「小意思。」は主に贈り主がお礼を言われたときに、「ほんの気持ちですよ」「たいしたことではありませんよ」という返事をするときに使う言葉です。

❸ 助けてあげた人に

Duō kuī le nǐ de bāng zhù, tài xiè xie nǐ le.
A: 多亏了你的帮助，太谢谢你了。

Xiǎo yì si
B: 小意思。 多亏=「おかげである」

A: 助けていただいたおかげです。本当に感謝しています。
B: たいしたことではないですよ。

❹ 贈り物を手渡す

Zhèi shì yì diǎnr xiǎo yì si, qǐng shōu xià.
A: 这是一点儿小意思，请收下。

Xiè xie. Wǒ jiù bú kè qi le.
B: 谢谢。我就不客气了。

A: つまらない物ですが、どうぞ。
B: ありがとうございます。では、遠慮なくいただきます。

16
● 謝る

对不起。
Duì bu qǐ. [ドゥイ ブ チー]

17
● 大丈夫だ

没关系。
Méi guān xi. [メイ グゥアン シ]

18
● お礼に対して

别客气。
Bié kè qi. [ビエ カー チ]

19
● 相手を気づかう

多保重。
Duō bǎo zhòng. [ドゥオ バオ ヂォン]

20
● 後で会う人に

回头见。
Huí tóu jiàn. [ホゥイ トウ ディエン]

3字フレーズ BEST 70

▶▶ すみません。

解説 謝るときに使う最も一般的な表現です。そのまま使ってもいいですが、前に「真 zhēn」または「实在 shí zài」という程度の言葉を付け加えてもいいです。

▶▶ かまいませんよ。

解説 相手のお礼や謝罪に対して、「大丈夫ですよ」「気にしないでください」「かまいませんよ」という意味で返す言葉です。使い道がいろいろあって、覚えておくととても便利です。

▶▶ どういたしまして。

解説 「別」は「〜をしないでください」、「客气」は「遠慮する」という意味です。つまり、「遠慮をしないでください」から「どういたしまして」になるわけです。お礼への返事としてよく使われる言葉の1つです。

▶▶ ご自愛ください。

解説 相手に体を気づかってほしいという気持ちを伝えるひと言です。別れるときのあいさつとしてもよく使います。「多多保重。Duō duō bǎo zhòng.」とも言います。どちらも同様の意味です。

▶▶ また会いましょう。

解説 次に会う時間や時期を付け加えたいときは、「時間＋见」という形になります。「回头」は「振り向く」が原意で「まもなく」とか「すぐ」を表し、これからほどなくして会う人に言う別れのあいさつになります。

BEST 21-25

---

21 ● 近所でのあいさつ
吃了吗？
Chī le ma? ［チー ラ マ］

---

22 ● 労をねぎらう
辛苦了。
Xīn kǔ le. ［シィン クゥー ラ］

---

23 ● 待ってもらう
请稍等。
Qǐng shāo děng. ［チィン シァオ デン］

---

24 ● 新年のあいさつ
新年好！
Xīn nián hǎo! ［シィン ニィエン ハオ］

---

25 ● 確かめる
真的吗？
Zhēn de ma? ［ヂェン ダ マ］

▶▶ ごはん、食べた？

解説 近隣同士のあいさつでは意外と「你好」を使わないもので、身近な生活のひとこまをあいさつの材料にします。その代表例が「吃了吗？」。返事は「吃了。Chī le.」(食べたよ)、「还没呢。Hái méi ne.」(いや、まだ)です。

▶▶ ご苦労様。

解説 「よくがんばりましたね」とか「ご苦労だったね」と相手の努力を認め、労をねぎらうひと言です。中国では労をねぎらうのは、基本的に目上の人が目下の人に対して、または同年代の人の間でというのが一般的です。

▶▶ 少しお待ちください。

解説 中国語では「待ってもらう」という表現はいくつかありますが、「请稍等」はいつでも使える丁寧な表現です。「请等一下。Qǐng děng yí xià.」とも言います。

▶▶ 明けましておめでとうございます！

解説 新年のあいさつの定番です。年齢を問わず使うことができます。「祝你新年快乐。Zhù nǐ xīn nián kuài lè.」「过年好。Guò nián hǎo.」とも言います。

▶▶ 本当ですか。

解説 相手が言ったことに対して、驚きを表すときに使うひと言です。驚いた口調で言うと信じられない気持ちを表しますが、軽く言うと「そうですか」「なるほど」という相づちにもなります。

BEST 26-30

26
- 知るわけがない

谁知道！
Shéi zhī dào! ［シェイ ヂー ダオ］

27
- あまり差がない

差不多。
Chà bu duō. ［チァー ブ ドゥオ］

28
- 食事を勧める

请用餐。
Qǐng yòng cān. ［チン イヨン ツァン］

29
- 食事のお礼を言う

吃好了。
Chī hǎo le. ［チー ハオ ラ］

30
- 相手を先に通す

您先请。
Nín xiān qǐng. ［ニィン シィエン チィン］

3字フレーズ BEST 70

▶▶ 知らないよ！

解説　たとえば、「なぜ彼女は今日こんなに機嫌が悪いの？」と聞かれ、「そんなの、知らないよ」と言いたいときに使います。「我怎么知道。Wǒ zěn me zhī dào.」とも言います。

▶▶ そんな感じですね。

解説　相手が言ったことに対して、「まあ、そんな感じですね」とか「だいたいそんなもんですね」と少しあいまいに返したいときに使う表現です。

▶▶ どうぞ、召し上がってください。

解説　相手に食事を勧めるときに使う、とても丁寧な言い方です。お茶を勧めるときには「请用茶。Qǐng yòng chá.」と言います。

▶▶ 美味しくいただきました。

解説　中国では、食事の際に「いただきます」とか「ごちそうさま」を言う習慣はありませんが、招待されたお客さんが食事の後で感謝を表すときにこう言います。「谢谢」を付け加えて使うといいでしょう。

▶▶ お先にどうぞ。

解説　相手を先に通してあげるときの丁寧な言い方です。同年代の人なら「你先请。」と言います。手を差し出して、「请」または「您请」と言うだけでも OK です。「请」はなるべく低い声で発音してください。

BEST 31-35

31
● 近況を聞かれて
老样子。
Lǎo yàng zi. ［ラオ ヤン ヅ］

32
● 様子を見て判断したい
看情况。
Kàn qíng kuàng. ［カン チィン クゥアン］

33
● 意見を求める
你说呢？
Nǐ shuō ne? ［ニー シゥオ ナ］

34
● おごる
我请客。
Wǒ qǐng kè. ［ウオ チィン カー］

35
● 緊張を解く
别紧张。
Bié jǐn zhāng. ［ビエ ヂィン ヂャン］

3字フレーズ BEST 70

▶▶ 相変わらずですよ。

解説 たとえば、久しぶりに会った友人に、自分や自分の家族の近況をたずねられ、「相変わらずですよ」と返事をするときの言葉です。「老」は「いつも」の意味で、「老けている」ではありません。

▶▶ 様子を見ます。

解説 相手に決意や結論を求められたとき、すぐに判断できなくて、今後の情況の進展などを見て決めたいと伝える表現です。「情况」は日本語の意味とほぼ同じです。

▶▶ あなたの意見は？

解説 ある事柄や事態について、どうしたらいいのか、相手がそれについてどう思っているのかをたずねるときに使うひと言です。「你看呢？ Nǐ kàn ne?」とも言います。

▶▶ おごるよ。

解説 「请客」は「おごる」という意味ですが、誰がおごるのかが大事なことなので、「主語＋请客」という形で使います。「你请客。Nǐ qǐng kè.」なら「あなたのおごりですよ」となります。

▶▶ 緊張しないで。

解説 緊張している人に対して、「リラックスしてください」と声をかけるときに使うひと言です。「别」は上げ調子で発音しましょう。「放轻松。Fàng qīng sōng.」とも言います。

BEST 36-40

36 ● 不確かである
不靠谱。
Bú kào pǔ. [ブー カオ プー]

37 ● 同情する
真可怜。
Zhēn kě lián. [ヂェン カー リィエン]

38 ● 安心してほしい
放心吧。
Fàng xīn ba. [ファン シィン バ]

39 ● 待っていた人に
可以了。
Kě yǐ le. [カー イー ラ]

40 ● 話を促す
继续说。
Jì xù shuō. [ヂー シュイ シゥオ]

3字フレーズ BEST 70

▶▶ それは微妙ですね。

解説 人・事柄・物がどうやら大丈夫ではない、何とも言えない状態のときに使う、ちょっと否定的な表現です。質問への返答では単独で使いますが、「人・事柄・物＋不靠谱」という形でも使います。

▶▶ かわいそうに。

解説 たとえば、テレビで両親をなくした子供が苦労しているシーンを見て、「なんてかわいそうなの」という気持ちを表すひと言です。悲しい話を聞いているとき、軽く言う場合には、相づちの言葉にもなります。

▶▶ 心配しないで。

解説 たとえば、何か心配事があって落ち込んでいる人に対して、「心配しないで」とか「大丈夫ですよ」と声をかけるときのひと言です。「放心」は「安心する」という意味です。「你就放心吧。Nǐ jiù fàng xīn ba.」とも言います。

▶▶ もういいよ。

解説 たとえば、ご飯ができて「もういいよ」と知らせるときや、自分が洗面所を使い終わって待っている家族に「もう大丈夫だよ」と教えてあげるときに使います。

▶▶ 話を続けて。

解説 話をやめた相手にその話を続けてほしいと促すときに使うひと言です。最後に「吧」を付けて、「继续说吧。」でも OK です。

BEST 41-45

41
● 落ち込んでいる人に
别当真。
Bié dàng zhēn. [ビエ ダン チェン]

42
● 面目を失った
真丢人！
Zhēn diū rén! [ヂェン ディウ レン]

43
● 干渉してほしくない
别管我。
Bié guǎn wǒ. [ビエ グゥアン ウオ]

44
● 先延ばしする
再说吧。
Zài shuō ba. [ヅァイ シゥオ バ]

45
● 笑っている相手に
笑什么！
Xiào shén me! [シィアオ シェン マ]

3字フレーズ BEST 70

▶▶ 気にしないで。

解説 たとえば、ひどく落ち込んでいる人に対して、「気にするなよ」と慰めるときに使うひと言です。「別往心里去。Bié wǎng xīn li qù.」「当什么真呀。Dàng shén me zhēn ya.」とも言います。

▶▶ 情けない！

解説 恥をかいたり、面目を失ったりした状況で、「まあ、恥ずかしい！」とか「なんと情けないことか！」という意味で発する言葉です。感情を込めたいときには、すべての文字を強めに発音します。

▶▶ ほおっておいて。

解説 人に口出ししてほしくないときに、「私にかまわないで」という気持ちを表すのに使います。「少管我。Shǎo guǎn wǒ.」とも言います。第三者のことを言う場合には、「我」を第三者に変えます。

▶▶ 次回にしましょう。

解説 たとえば、いまここで結論を出すのをやめて、日を改めて話し合おうというときなどに使います。次の期日を明確にしたいときには、「期日+再说吧。」という形になります。「明天再说吧。Míng tiān zài shuō ba.」（明日にしましょう）

▶▶ 何笑っているの？

解説 たとえば、自分がひんしゅくを買ってしまったのに、隣で笑っている人がいて、その人に不満を言うときの表現です。冗談としても使います。「笑什么笑！Xiào shén me xiào!」とも言います。

46
● シャイな人に

别害羞。
Bié hài xiū. ［ビエ ハイ シィウ］

47
● 確かめる

没错吗？
Méi cuò ma? ［メイ ツゥオ マ］

48
● 無関心・なげやり

无所谓。
Wú suǒ wèi. ［ウー スゥオ ウエイ］

49
● うんざりして

真讨厌！
Zhēn tǎo yàn! ［ヂェン タオ イエン］

50
● 納得する

有道理。
Yǒu dào lǐ. ［イオウ ダオ リ］

3字フレーズ BEST 70

▶▶ 恥ずかしがらないで。

解説 「害羞」は「恥ずかしがる」という意味です。「別」は「～をしないでください」で、つまり、「恥ずかしがらないでください」という意味になるわけです。「不要害羞。Bú yào hài xiū.」とも言います。

▶▶ 間違いない？

解説 「没」は「～がない」という意味で、「错」は「間違い、ミス」を指します。文字通りに「間違いはありませんか」と相手に確認するときの表現です。「错」は息を出して、下げ調子でやや強めに発音しましょう。

▶▶ どうでもいいよ。

解説 相手が聞いたことに対して、無関心であることを示したり、なげやりに返したりするときに、「どうでもいいよ」とか「どちらでもかまわないよ」という意味で使います。他人に言われたことに対して、「気にしない」と言うときにも使います。

▶▶ うざい！

解説 「讨厌」は「嫌いだ、愛想がつきる」という意味で、「うるさい、面倒くさい、いやらしい」というふうに訳すこともできます。人に対しても、物事に対しても使えます。「讨厌」はやや強めに発音しましょう。

▶▶ なるほど。

解説 相手が言っていることは「筋が通っている」とか「道理に合っている」と、納得する気持ちを表したいときの表現です。相手の話を聞きながら、相づちを打つような場合にも使えます。その場合は軽く言います。

51
● 人に何かを貸す

随便用。
Suí biàn yòng. ［スゥイ ビィエン イヨン］

52
● 慰める

别灰心。
Bié huī xīn. ［ビエ ホゥイ シィン］

53
● 念を押す

别忘了。
Bié wàng le. ［ビエ ウアン ラ］

54
● お客さんを通す

里面请。
Lǐ miàn qǐng. ［リー ミィエン チィン］

55
● お礼に対して

别见外。
Bié jiàn wài. ［ビエ ディエン ワイ］

3字フレーズ BEST 70

▶▶ 好きなように使って。

解説 人に何かを貸すときに、「好きなように使っていいよ」という気持ちを伝えるひと言です。「别客气。」のような表現と一緒に使うと完璧です。

▶▶ がっかりしないで。

解説 「灰心」は「がっかりする、意気消沈する」という意味です。くじけそうになった人を激励するときの表現です。「别灰心,继续努力。Bié huī xīn, jì xù nǔ lì.」（がっかりしないで、またがんばってください）

▶▶ 忘れないでね。

解説 頼んだことや、約束などを覚えておいてほしいときに使うひと言です。単独でも使いますし、用件の前に付けることもできます。「别忘了吃药。Bié wàng le chī yào.」（薬を飲むのを忘れないでね）

▶▶ どうぞ中へ。

解説 自宅や会社の訪問客を部屋の中に通すときのひと言です。レストランに来るお客さんに対しても使います。「请」はやや強めに発音しましょう。

▶▶ 他人行儀はよしましょう。

解説 「见外」は「他人行儀にふるまう、よそよそしくする」という意味です。お礼を言われたときの返事として使います。「都是一家人。Dōu shì yì jiā rén.」（私たちは身内です）と一緒に使うことが多いです。

BEST 56-60

56
● 見送りを断る

请留步。
Qǐng liú bù. ［チィン リウ ブー］

57
● ぴったりである

正合适。
Zhèng hé shì. ［ヂェン ハー シー］

58
● グッドアイデアに

好主意。
Hǎo zhǔ yi. ［ハオ ヂゥー イ］

59
● 頭を下げて頼む

求求你。
Qiú qiu nǐ. ［チィウ チィウ ニー］

60
● 叱責する

真缺德！
Zhēn quē dé! ［ヂェン チュエ ダー］

3字フレーズ BEST 70

▶▶ お見送りには及びません。

解説 「留歩」が「どうぞ歩を止めてください」という意味であることから、「お見送りをなさらないでください」とか「ここでいいですよ」となるわけです。「別送了。Bié sòng le.」とも言います。

▶▶ ちょうどいいですよ。

解説 たとえば、「暑い?」とか「塩かげんは?」とか「サイズは?」と聞かれて、「ちょうどいいですよ」と言いたいときのひと言です。また、自分が予定した時間にぴったりになったときにも使います。

▶▶ それはいい考えだ。

解説 たとえば、仕事などでなかなか打開策が見いだせない状況で、名案を言った人に対する称賛のひと言です。「好」を伸ばし気味に強めに発音すると、称賛のレベルがさらに上がります。

▶▶ お願い、この通りです。

解説 「求」は「頼む、依頼する」という意味で、お願いする内容を言う前でも後でも使えます。「我求求你了。Wǒ qiú qiu nǐ le.」とも言います。「求求你+要件」という文でも使います。

▶▶ けしからん！

解説 「缺徳」は「徳が欠けている」という意味で、いたずらをしたり、人を困らせたりする人に言うひと言です。「いじわる、ろくでなし」というふうな意味でも使えます。

BEST 61-65

61 ● 知らないふりをする人に
别装傻。
Bié zhuāng shǎ. [ビエ ヂュアン シャー]

62 ● 先に帰るときに
失陪了。
Shī péi le. [シー ペイ ラ]

63 ● 煩わしいときに
真烦人！
Zhēn fán rén! [ヂェン ファン レン]

64 ● お酒を勧める
干了吧。
Gān le ba. [ガン ラ バ]

65 ● 夫婦・恋人の呼びかけ
亲爱的。
Qīn ài de. [チィン アイ ダ]

3字フレーズ BEST 70

▶▶ とぼけないで。

解説　本当は知っているのに、わざと知らないふりをする人に向かって言う表現です。「装傻」は「バカを装う」という意味から、「とぼける」となるわけです。「装什么傻。Zhuāng shén me shǎ.」とも言います。

▶▶ 失礼いたします。

解説　たとえば、同窓会などの集まりの場で先に帰らなければならないときに、みんなに詫びる言葉です。「我有事，失陪了。Wǒ yǒu shì, shī péi le.」（私は用事があって、失礼いたします）

▶▶ 面倒くさい！

解説　自分にとって望ましくない、面倒なことが起きたり、自分の好きではない人に会って相手をしなければならないときのひと言です。日常のちょっとした事についてよく使います。

▶▶ 空けましょう。

解説　中国では、相手にお酒を勧めてから一緒に飲むのが一般的です。その勧める表現は「干了吧」。また、少しずつ飲むのではなく、一気に飲むことが多いです。「来，干了吧。Lái, gān le ba.」（さあ、空けよう）は定番です。

▶▶ あなた。

解説　夫婦や恋人同士の間で使う呼びかけの言葉です。また、ごく仲の良い女友達同士で使うこともあります。男同士は NG です。「亲爱的，干什么呢？Qīn ài de, gàn shén me ne?」（あなた、何をしているの？）

BEST 66-70

66
● なんとか間に合った
赶上了。
Gǎn shang le. [ガン シァン ラ]

67
● 恐縮する
不敢当。
Bù gǎn dāng. [ブー ガン ダン]

68
● 手伝ってほしい
帮个忙。
Bāng ge máng. [バン ガ マン]

69
● 行動を促す
快点儿！
Kuài diǎnr! [クゥアイ ディアル]

70
● 思いやる
慢点儿。
Màn diǎnr. [マン ディアル]

3字フレーズ BEST 70

▶▶ 間に合いました。

解説 ぎりぎりだったが何とか間に合ったというとき、ホッとした気持ちを表すひと言です。「终于赶上了。Zhōng yú gǎn shang le.」（やっと間に合いました）とも言います。間に合わなかった場合は、「没赶上。Méi gǎn shang.」です。

▶▶ 恐れ入ります。

解説 もてなしを受けたときや、褒められたときなど、「恐縮です」とか「もったいないお言葉です」というような意味を表します。意味を強めたい場合には、前に「实在 shí zài」を置いて、「实在不敢当。」と言うこともあります。

▶▶ ちょっと手伝って。

解説 自分一人でできなくて、人の力を借りたいときに、お願いするひと言です。よく他のお願いの言葉を前に付けます。たとえば、「劳驾, 帮个忙。」「对不起, 帮个忙。」のように使います。

▶▶ 早く！

解説 いつまで経っても行動を始めない人や、素早く行動しない人に向かって催促するひと言です。「快」は下げ調子で強めに発音しましょう。「还不快点儿！Hái bu kuài diǎnr!」とも言います。

▶▶ ゆっくりでいいですよ。

解説 小さな子供や、お年寄り、妊婦さん、体の不自由な人にかける「お気をつけて、ゆっくりでいいです」という思いやりのあるひと言です。「您慢点儿。」は同じ意味で、もっと丁寧な言い方になります。積極的に使いましょう。

もっと超ミニフレーズ ❸ 強調表現

中国語では少し大げさな表現がよく使われます。しかし、みんなよく使うので、それが普通になってしまっています。代表例は「形容詞＋死我了」です。「死ぬほど〜だ」という意味で、本来は強い程度を表します。頻繁に使うフレーズをピックアップしましたので、そのまま覚えておくと便利でしょう。

Rè sǐ wǒ le.
热死我了。　　　死ぬほど暑いです。

Dòng sǐ wǒ le.
冻死我了。　　　死ぬほど寒いです。

Máng sǐ wǒ le.
忙死我了。　　　死ぬほど忙しいです。

Lèi sǐ wǒ le.
累死我了。　　　死ぬほど疲れています。

È sǐ wǒ le.
饿死我了。　　　死ぬほどお腹が空いています。

Fán sǐ wǒ le.
烦死我了。　　　死ぬほど面倒です。

Qì sǐ wǒ le.
气死我了。　　　死ぬほど怒っています。

Jí sǐ wǒ le.
急死我了。　　　死ぬほど焦っています。

Téng sǐ wǒ le.
疼死我了。　　　死ぬほど痛いです。

Gāo xìng sǐ wǒ le.
高兴死我了。　　死ぬほど嬉しいです。

Chapter 4 ・ 気持ちが伝わる

4字フレーズ
BEST 80

CD 54 〜 CD 75

BEST 1

Fēi cháng gǎn xiè. [フェイ チャン ガン シィエ]

非常感谢。

心から感謝します。

🔊 「f」の発音は英語の f とほぼ同じで、上の歯が下の唇に軽く触れるように発音します。「感谢 gǎn xiè」の 2 文字はともにやや強めに発音しましょう。

会話で使おう！

❶ 助けてもらって

Zhèi jiàn shì jiù jiāo gěi wǒ ba.
A: 这件事就交给我吧。

Fēi cháng gǎn xiè.
B: 非常感谢。

> **A:** この件は私に任せてください。
> **B:** 心から感謝します。

❷ 問題が解決した

Fàng xīn ba.　Shì qing dōu bàn hǎo le.
A: 放心吧。事情都办好了。

Fēi cháng gǎn xiè.
B: 非常感谢。

> **A:** ご安心ください。すべて解決しましたよ。
> **B:** 心から感謝します。

4字フレーズ BEST 80

使い方のヒント

「谢谢」と同じように、お礼を言うフレーズです。「非常」は普通以上の程度を表す副詞なので、「非常感谢」は言うまでもなく感謝の気持ちが強いということです。比較的正式な場面で使うことが多いです。

③ 応援してもらって

Dà jiā dōu zhī chí nǐ.
A: 大家都支持你。

Fēi cháng gǎn xiè.
B: 非常感谢。

A: みんな、あなたを応援していますよ。
B: 本当にありがとうございます。

表現ワンポイント

「非常感谢」の使い方は基本的に「谢谢」と同じです。単独フレーズで使うことができますし、感謝の内容を後ろに付け加えることもできます。「非常感谢各位的大力协助。Fēi cháng gǎn xiè gè wèi de dà lì xié zhù.」(みなさまのご協力に深く感謝いたします)

BEST 2

Zhēn nán wéi qíng. [ヂェン ナン ウエイ チィン]

真难为情。

本当に恥ずかしいですよ。

🔊 最初の「真」は上げ下げしないでまっすぐ伸ばしますが、後の3字「难为情 nán wéi qíng」はどれも思いきり上げ調子で発音しましょう。

会話で使おう！

① 叱られた

A: Jīn tiān bèi shuō le. Zhēn nán wéi qíng.
今天被说了。真难为情。

B: Bié wǎng xīn li qù.
别往心里去。

> A: 今日、叱られてしまって。恥ずかしかったですよ。
> B: 気にしなくていいよ。

② 質問に答えられなくて

A: Lǎo shī de tí wèn méi huí dá shàng lái, zhēn nán wéi qíng
老师的提问没回答上来，真难为情。

B: Shéi ràng nǐ bù hǎo hāor xué ne?
谁让你不好好儿学呢？

> A: 先生の質問に答えられなくて、恥ずかしかったですよ。
> B: 勉強しなかったんだから、しかたないでしょ？

4字フレーズ BEST 80

使い方のヒント

自分の言動に対して、恥ずかしい気持ちを抱くときに使う表現です。中国語には、「恥ずかしい」という意味の言葉がいくつかあり、「不好意思。Bù hǎo yì si.」も同じ意味で使えます。

③ 歌を一曲どうぞ

Lái, chàng shǒu gē ba.
A: 来，唱首歌吧。

Zhēn nán wéi qíng.
B: 真难为情。

A: さあ、一曲歌ってください。
B: 恥ずかしいですよ。

表現ワンポイント

「真难为情」は自分の言動に対して「恥ずかしい」という意味ですが、「不好意思」は相手がしてくれたことに対して「申し訳なく思っている」という意味でも使います。たとえば、店のドアを開けてくれた店員さんに対しては、「真难为情」ではなく、「不好意思」と言います。

BEST 3

Dāng rán kě yǐ. [ダン ラン カー イー]

当然可以。

もちろん、いいですよ。

🔊 「然 rán」はそり舌の発音で、舌先が口の上側に付かないように、舌をそらせたまま発音します。「可 kě」は「ウ」と「エ」の中間くらいの音です。

会話で使おう！

① 買い物に誘う

Péi wǒ qù mǎi dōng xi hǎo ma?
A: 陪我去买东西好吗？

Dāng rán kě yǐ.
B: 当然可以。

(**A:** 買い物に付き合ってくれますか。
  B: もちろん、いいですよ。)

② 休暇を取りたい

Míng tiān wǒ xiǎng qǐng jià, kě yǐ ma?
A: 明天我想请假，可以吗？

Dāng rán kě yǐ.
B: 当然可以。

请假＝「休暇を取る」

(**A:** 明日休暇を取りたいのですが。
  B: もちろん、いいですよ。)

4字フレーズ BEST 80

使い方のヒント

相手の頼み事を、「まったく問題ありませんよ」「もちろんOKですよ」と気持ちよく受けるときの表現です。単独フレーズで使うことが多いです。「没问题。Méi wèn tí.」とも言います。

③ 相談に乗ってもらう

Wǒ yǒu shì xiǎng gēn nín shāng liang, kě yǐ ma?
A: 我有事想跟您商量，可以吗?

Dāng rán kě yǐ.　　Shuō ba.
B: 当然可以。说吧。

A: 相談したいことがありますが、よろしいでしょうか。
B: もちろん、いいですよ。どうぞ。

④ パソコンを借りる

Wǒ kě yǐ yòng yí xià nǐ de diàn nǎo ma?
A: 我可以用一下你的电脑吗?

Dāng rán kě yǐ.
B: 当然可以。

A: パソコンを貸してもらえませんか。
B: もちろんいいですよ。

BEST 4

Xiǎo xīn diǎnr. [シィアオ シィン ディアル]

小心点儿。

気をつけてください。

🔊 「点儿 diǎnr」は、まず舌を口の上側に付け、後ろに引きながら「エ」の音を出して、最後に舌を少しそらせます。これがスムーズにできるように練習しましょう。

会話で使おう！

① 別れのあいさつ

Míng tiān jiàn.
A: 明天见。

Xiǎo xīn diǎnr.
B: 小心点儿。

(**A:** また、明日。
  B: 気をつけてね。)

② 別れのあいさつ

Wǒ gào cí le.
A: 我告辞了。

Zài jiàn.　Xiǎo xīn diǎnr.
B: 再见。小心点儿。

(**A:** そろそろ失礼します。
  B: さようなら。気をつけて。)

4字フレーズ BEST 80

使い方のヒント

相手に「気をつけて」「注意して」と声をかけるときに使うひと言です。別れるときのあいさつとして、「再见」の代わりにもなります。単独フレーズで使うこともできますし、気をつけてほしい事柄を後ろに付け加えて、「○○＋小心点儿」という形でも使えます。「骑车小心点儿。Qí chē xiǎo xīn diǎnr.」（自転車に乗るときは気をつけてください）

---

❸ 旅行に出かける

Wǒ míng tiān chū fā.
A: 我明天出发。

Shì ma?　　Lù shang xiǎo xīn diǎnr.
B: 是吗？ 路上小心点儿。

(**A:** 明日出発します。
B: そうですか。道中お気をつけて。)

❹ 運転に気をつけて

Kāi chē xiǎo xīn diǎnr.
A: 开车小心点儿。

Xiè xie.　　Fàng xīn ba.
B: 谢谢。 放心吧。

(**A:** 運転に気をつけてくださいね。
B: ありがとう。大丈夫です。)

BEST 5

Nǐ shuō de duì. [ニー シゥオ ダ ドゥイ]

你说得对。

おっしゃる通りです。

🔊 「对 duì」は唇を丸めた状態から発音します。発音しながら左右に開きます。唇にやや力を入れて発音しましょう。

会話で使おう！

❶ 相手の忠告に従う

Yīng gāi gào su tā.
A: 应该告诉他。

Nǐ shuō de duì.
B: 你说得对。

> **A:** 彼に話すべきですね。
> **B:** おっしゃる通りです。

❷ 相手の主張に同意する

Tā men zhèi zhǒng shuō fǎ méi yǒu dào lǐ.
A: 他们这种说法没有道理。

Nǐ shuō de duì.
B: 你说得对。

> **A:** 彼らの言い方は筋が通らないと思います。
> **B:** おっしゃる通りです。

4字フレーズ BEST 80

使い方のヒント

相手の意見や考えなどに同意・賛成するときに使う表現です。単独フレーズで使うことが多いです。自分の考えとして強調したいときには、前に「我认为 wǒ rèn wéi」「我觉得 wǒ jué de」を付け加えて、「私は～と思っている」にします。「我觉得你说得对。」となります。反対の意味の表現は「你说得不对。Nǐ shuō de bú duì.」（おっしゃっていることは間違いです）

❸ 相手の意見に賛成する

Zhǐ néng zhèi yang zuò. Nǐ shuō ne?
A: 只能这样做。你说呢？

Nǐ shuō de duì.　　　Wǒ yě zhè me rèn wéi.
B: 你说得对。我也这么认为。

A: こうするしかないよ。あなたはどう思う？
B: あなたの言う通りでしょう。私もそう思います。

表現ワンポイント

相手の意見や考えなどに同意・賛成する表現は、「你说得对。」のほかに、3字フレーズの「有道理。」も同じ意味です。「你说得有道理。Nǐ shuō de yǒu dào li.」という言い方もできます。

BEST 6

Bài tuō nǐ le. [バイ トゥオ ニー ラ]

拜托你了。

お願いしますよ。

「托 tuō」は、まず唇を丸めて音を出しながら、唇をやや左右に開きます。「拜托 bài tuō」をしっかりと発音しましょう。

会話で使おう！

❶ 用事を頼む

Zhèi jiàn shì jiù jiāo gěi wǒ ba.
A: 这件事就交给我吧。
Bài tuō nǐ le.
B: 拜托你了。

A: この件、任せてください。
B: お願いしますよ。

❷ 用事を引き受けてくれた

Wǒ bāng nǐ qù wèn wen.
A: 我帮你去问问。
Bài tuō nǐ le.
B: 拜托你了。

A: 代わりに聞いてあげますよ。
B: 頼んだよ。

4字フレーズ BEST 80

使い方のヒント

相手に何かをお願いするときに使う表現です。単独フレーズで使う場合、「お願いします」とか「頼んだぞ」という意味になります。お願いの内容を添えたい場合、「了」を消して、「拜托你」の後に付け加え、「拜托你＋○○」という形にします。「拜托你把这儿收拾起来。Bài tuō nǐ bǎ zhèr shōu shi qǐ lai.」（ここを片付けるのをお願いします）

---

❸ 仕事を依頼する

Wǒ yǒu jiàn shì xiǎng qiú nǐ.
A: 我有件事想求你。

Shén me shì?　　Nǐ shuō ba.
B: 什么事？ 你说吧。

Bài tuō nǐ bǎ zhèi ge kǎo bèi sān fèn.
A: 拜托你把这个拷贝三份。

Zhī dao le.
B: 知道了。

拷贝＝「コピーする」

> A: お願いがあります。
> B: 何でしょうか。どうぞ。
> A: これを3部コピーしてもらえますか。
> B: わかりました。

BEST 7

Zěn me dōu xíng. [ヅェン マ ドウ シィン]

怎么都行。

どちらでもいいですよ。

🔊 「怎 zěn」は唇を左右に開き、口を開けすぎないように発音しましょう。「行 xíng」は思いきり上げ調子で発音してください。

会話で使おう！

① 感想を言う

Wǒ jué de hái shi suàn le ba.
A: 我觉得还是算了吧。

Zěn me dōu xíng.
B: 怎么都行。

> **A:** やはりやめたほうがいいかな。
> **B:** どちらでもいいじゃない。

② 意見を求められて

Nǐ shuō zěn me bàn?
A: 你说怎么办？

Zěn me dōu xíng.
B: 怎么都行。

> **A:** どうすればいいと思いますか。
> **B:** どちらでもいいでしょう。

4字フレーズ BEST 80

使い方のヒント

「怎么」は「どのように？」という意味で、手段や方法をたずねる疑問詞です。「怎么＋都行」で「どのような方法でもいいです」とか「どちらでもいいですよ」という意味になります。言い方が大事で、ぶっきらぼうに聞こえてしまう可能性があるので、注意して使いましょう。

---

③ 迷っている人に

Mǎi bù mǎi wǒ hái zài yóu yù.
A: 买不买我还在犹豫。

Zěn me dōu xíng.　Yóu yù shén me?
B: 怎么都行。犹豫什么？

犹豫＝「迷っている」

(**A:** 買うかどうか、まだ迷っているんだ。
B: どちらでもいいでしょう。何を迷っているの？)

表現ワンポイント

「怎么」を他の疑問詞に置き換えて、「疑問詞＋都行」という形で使えます。たとえば、「哪个都行。Něi ge dōu xíng.」（どれでもいいです）、「什么时候都行。Shén me shí hou dōu xíng.」（いつでもいいです）、「哪儿都行。Nǎr dōu xíng.」（どこでもいいです）、「谁都行。Shéi dōu xíng.」（誰でもいいです）、「什么都行。Shén me dōu xíng.」（何でもいいです）

BEST 8

Shùn lì de huà. [シュン リー ダ ホゥア]

顺利的话。

うまくいけばね。

🔊 「顺 shùn」は、まず唇をやや丸めて「ウ」を発音しながら、ほんの少し「エ」の音が入って、最後は「ン」で終わります。

会話で使おう！

① 勝てるかも

Zhèi chǎng bǐ sài néng yíng ma?
A: 这场比赛能赢吗？

Shùn lì de huà.
B: 顺利的话。

- **A:** この試合、勝てるの？
- **B:** うまくいけばね。

② 終わるかも

Jīn tiān néng gàn wán ma?
A: 今天能干完吗？

Shùn lì de huà.
B: 顺利的话。

- **A:** 今日、終わりますか。
- **B:** うまくいけばね。

4字フレーズ BEST 80

使い方のヒント

「本当に〜ができますか」とか「本当に大丈夫ですか」などの質問に対して、「順調ならば」「うまくいけば」と期待を持って答えるときに使うひと言です。「順利」は「順調だ」という意味です。

❸ 定時に到着するかも

Shùn lì de huà fēi jī wǔ diǎn dào dá.
A: 顺利的话飞机五点到达。

Shì ma, tài hǎo le.
B: 是吗，太好了。

> **A:** 順調にいけば、飛行機は5時に到着します。
> **B:** そうですか、それは良かったです。

表現ワンポイント

「顺利的话」は単独フレーズで使うだけではなく、文頭に用いることもできます。「顺利的话他今天就回来了。Shùn lì de huà tā jīn tiān jiù huí lái le.」（うまくいけば彼は今日帰ってきます）。「顺利的话下星期就知道结果了。Shùn lì de huà xià xīng qī jiù zhī dao jié guǒ le.」（順調にいけば来週結果がわかります）。「顺利的话＋○○」という形で覚えましょう。

BEST 9

Bǎo xiǎn qǐ jiàn. [バオ シィエン チー ディエン]

保险起见。

念のために。

🔊 「起 qǐ」はよく「キ」と発音してしまいがちですが、「チ」の音です。「保险起」の3文字は声を抑えて低い音で発音しましょう。

会話で使おう！

① 再チェック

Wèi shén me jiǎn chá liǎng biàn?

A: 为什么检查两遍？

Bǎo xiǎn qǐ jiàn.

B: 保险起见。

- **A:** どうして二度もチェックするの？
- **B:** 念のためですよ。

② 雨が降るかな？

Jīn tiān bú xià yǔ ba?

A: 今天不下雨吧？

Bǎo xiǎn qǐ jiàn, dài shang sǎn ba.

B: 保险起见，带上伞吧。

- **A:** 今日は雨は降らないでしょう？
- **B:** 念のために傘を持って行って。

4字フレーズ BEST 80

使い方のヒント

「なぜそこまでするのか」と聞かれ、「万が一の場合に備えて」「念のために」と返すときに使う言葉です。単独フレーズで使うことができますし、文頭に置いて、他の言葉を続けることもできます。「保险」は「保険」の意味で、「保险」だけでも同じ意味として使えます。その場合、文の最後に置きます。「打电话问问，保险。Dǎ diàn huà wèn wen, bǎo xiǎn.」（電話で聞いてみましょう、念のために）。

---

❸ 買い物に行く

Nèi ge duō shao qián?
A: 那个多少钱？

Wǒ yě bù zhī dao, bǎo xiǎn qǐ jiàn duō dài diǎnr qián ba.
B: 我也不知道，保险起见多带点儿钱吧。

(**A:** あれはいくらだったかな。
B: 私もよくわからないので、念のため多めにお金を持っていきましょう。)

141

BEST 10

Bú tài qīng chu. ［ブー タイ チィン チゥ］

不太清楚。

よくわかりません。

🔊 「不 bú」は上げ調子で、「太 tài」は下げ調子で発音しましょう。最後の発音は舌をそらせたまま発音してください。

会話で使おう！

① 道をたずねられて

Fù jìn yǒu biàn lì diàn ma?
A: 附近有便利店吗？

Bú tài qīng chu.
B: 不太清楚。

A: この近くにコンビニがありますか。
B: よくわかりません。

② バスの時間

Xià yì bān chē jǐ diǎn dào?
A: 下一班车几点到？

Duì bu qǐ.　　Wǒ bú tài qīng chu.
B: 对不起。我不太清楚。

A: 次のバスは何時に来ますか。
B: すみません。私はよくわかりません。

4字フレーズ BEST 80

使い方のヒント

聞かれた質問に「それはどうかなあ」とか「よくわからないなあ」など、明確な答えを出せないときに使う表現です。「清楚」は「はっきりした、明白な」という意味で、日本語の「清楚」の意味と異なるので、気をつけましょう。

❸ 迷っているときに

Gāi bù gāi gēn tā shuō, wǒ yě bú tài qīng chu.
A: 该不该跟他说，我也不太清楚。

Hǎo hāor xiǎng xiang zài shuō.
B: 好好儿想想再说。

> A: 彼に話すべきかどうか、私もよくわからないんです。
> B: ゆっくり考えて決めればいいですよ。

表現ワンポイント

「不太清楚」は単独フレーズで使うこともできますが、文頭あるいは文尾に置くこともできます。「不太清楚这是怎么回事。Bú tài qīng chu zhèi shì zěn me huí shì.」「这是怎么回事不太清楚。Zhèi shì zěn me huí shì bú tài qīng chu.」（これは一体どういうことか、よくわかりません）。この2つの文はまったく同じ意味です。

BEST 11

Wǒ dā ying nǐ. [ウオ ダー イン ニー]

我答应你。

約束します。

🔊 「答 dā」はアクセントを上げ下げせずに、まっすぐに伸ばして発音しましょう。「答应」をやや強めに発音してください。

会話で使おう！

❶ もう遅刻しない

Yǐ hòu yí dìng bù kě yǐ chí dào.
A: 以后一定不可以迟到。
Zhī dao le.　　Wǒ dā ying nǐ.
B: 知道了。我答应你。

A: 今後、絶対に遅刻しないでください。
B: わかりました。約束します。

❷ 病院に行く

Bié zài tuō le.　　Míng tiān qù yī yuàn ba.
A: 别再拖了。明天去医院吧。
Hǎo ba.　　Wǒ dā ying nǐ.
B: 好吧。我答应你。　　　　　拖=「時間を延ばす」

A: もう先延ばししないで。明日にでも病院に行ってください。
B: わかった。約束するよ。

4字フレーズ BEST 80

使い方のヒント

「答应」は「承諾する、承知する」という意味です。相手が求めてきたことに対して、「必ずそうしますよ」とか「約束を守りますよ」という意志を伝えたいときに使うひと言です。

---

❸ 仕事の納期

Zhèi ge xīng qī yí dìng gàn wán.　Wǒ dā ying nǐ.

A: 这个星期一定干完。我答应你。

Zhēn de ma?

B: 真的吗？

> **A:** 今週中に必ず終わらせます。約束します。
> **B:** 本当ですか。

❗ 表現ワンポイント

日本語では、「誰が誰に約束する」という人間関係を言葉の上で明白にしないことが多いですが、中国語では必ずその関係をはっきり言わないといけません。「我答应你」は「私はあなたに約束します」という意味です。「我」と「你」を第三者に変えて使うこともできます。「蓝蓝答应他了。Lán lán dā ying tā le.」（ランランは彼に約束をしました）

BEST 12

Xī wàng hěn dà. [シー ウアン ヘン ダー]
希望很大。
可能性は十分ありますよ。

🔊 「希 xī」の音はなるべく口の先を意識して発音しましょう。「很大」はやや強めに発音してください。

会話で使おう！

① 助けてくれるか

Nǐ péng you huì bāng zhù wǒ men ma?
A: 你朋友会帮助我们吗？

Xī wàng hěn dà.
B: 希望很大。

A: お友達は私たちを助けてくれるのですか。
B: 可能性は十分あります。

② 説得できるか

Nǐ néng shuō fú tā ma?
A: 你能说服他吗？

Xī wàng hěn dà.
B: 希望很大。

A: 彼を説得できますか。
B: 十分できそうです。

4字フレーズ BEST 80

使い方のヒント

「本当に〜できるのか」「本当に〜になるのか」など、相手に質問されて、「大丈夫だよ」「可能性は大ですよ」という返事をするときの表現です。逆の場合には、「希望不大。Xī wàng bú dà.」（可能性は低いです）と言います。

❸ 結婚しそうか

Tā men liǎ zhēn de huì jié hūn ma?
A: 他们俩真的会结婚吗？

Xī wàng hěn dà.
B: 希望很大。

A: あの二人は本当に結婚するのですか。
B: すると思いますね。

表現ワンポイント

「希望」は日本語と同様に、「希望する、願う」という意味で動詞でも使います。その場合には、必ず人の主語を入れてください。「我希望他成功。Wǒ xī wàng tā chéng gōng.」（彼の成功を願っています）、「父母希望我去留学。Fù mǔ xī wàng wǒ qù liú xué.」（親は私に留学してほしいと考えています）。

BEST 13

Nà dào yě shì. [ナー ダオ イエ シー]

那到也是。

それもそうですね。

🔊 「那到 nà dào」は 2 字とも下げ調子で言ってください。最後の「是 shì」は舌を口の上側に付けずに、やや強めに発音しましょう。

会話で使おう！

❶ 宝くじが当たらない

Mǎi cǎi piào yě zhòng bu liǎo.
A: 买彩票也中不了。

Nà dào yě shì.
B: 那到也是。

彩票＝「宝くじ」

(**A:** 宝くじを買っても当たりませんよ。
B: それもそうですね。)

❷ どうせ聞かない

Bié zài shuō le.　　Shuō yě méi yòng.
A: 别再说了。说也没用。

Nà dào yě shì.
B: 那到也是。

(**A:** もうそれ以上言わなくていいよ。言っても無駄だから。
B: それもそうだね。)

4字フレーズ BEST 80

使い方のヒント

相手が出した結論に対して、「それは一理ありますね」「それもそうですね」「なるほど」などと納得するときに使うひと言です。よく単独フレーズで使います。軽く言う場合には、相づちの言葉としても使えます。

❸ 結果は同じ

Zǎo qù wǎn qù dōu yí yàng.
A: 早去晚去都一样。

Nà dào yě shì.
B: 那到也是。

A: 早く行っても遅く行っても同じことです。
B: それもそうですね。

❹ 勉強と仕事は違う

Xué xí hǎo bù yí dìng gōng zuò yě hǎo.
A: 学习好不一定工作也好。

Nà dào yě shì.
B: 那到也是。

A: 勉強ができても、仕事ができるとは限りません。
B: それもそうですね。

BEST 14

Wǒ méi qíng xù! [ウオ メイ チィン シュイ]

我没情绪！

その気にならない！

🔊 「情 qíng」は「キン」ではなく、「チィン」と発音しましょう。「情绪 qíng xù」はやや強めに言います。

会話で使おう！

❶ 誘いに乗れない

Zǒu, qù sàn san xīn ba.
A: 走，去散散心吧。

Wǒ méi qíng xù!
B: **我没情绪！**

> A: さあ、気晴らしにでも行きませんか。
> B: その気にならないんです！

❷ 飲みに行けない

Bié shēng qì le, qù hē yì bēi ba.
A: 别生气了，去喝一杯吧。

Duì bu qǐ. Wǒ méi qíng xù.
B: 对不起。**我没情绪。**

> A: 怒っていないで、飲みに行こうよ。
> B: ごめん。その気にならないんだ！

4字フレーズ BEST 80

使い方のヒント

気分が冴えなくて何もする気がなく、約束などを断るときに使うひと言です。言い方が大事です。あまりぶっきらぼうに言ってしまうと、相手の好意を踏みにじる印象を与えてしまいます。「情绪」は「気分、やる気」という意味で、日本語の「情緒」と意味が異なるので注意しましょう。それから、「没」は「没有」の省略形で会話のときによく使います。主語を省略して「没情绪。」だけでもよく使います。

❸ ドタキャンをする

Shí zài bào qiàn, wǒ bù xiǎng qù le.
A: 实在抱歉，我不想去了。

Zhèi shì wèi shén me?
B: 这是为什么？

Méi qíng xù!
A: 没情绪！

> **A:** 申し訳ないのですが、行きたくなくなりました。
> **B:** それはどうしてですか。
> **A:** その気にならなくて！

BEST 15

Jiāo gěi wǒ ba. [ディアオ ゲイ ウオ バ]

交给我吧。

私に任せてください。

🔊 「交 jiāo」はまず唇を左右に開き、発音しながら丸めていきます。「吧 ba」は軽く発音すれば十分です。

会話で使おう！

① 厄介な問題

Zhèi jiàn shì kě zhēn nán bàn.
A: 这件事可真难办。

Jiāo gěi wǒ ba.
B: 交给我吧。

> **A:** この件は本当に厄介ですね。
> **B:** 私に任せてください。

② 人脈を生かす

Shéi néng gēn tā shuō de shang huà?
A: 谁能跟他说得上话？

Wǒ gēn tā shì dà xué tóng xué.　Jiāo gěi wǒ ba.
B: 我跟他是大学同学。交给我吧。

> **A:** 彼と面識がある人はいませんか。
> **B:** 彼とは大学時代の同級生です。私に任せてください。

4字フレーズ BEST 80

使い方のヒント

「私に任せてください」とか「私にやらせてください」と積極的に仕事や問題解決を引き受けるときの表現です。単独フレーズで使うこともできますし、任せてほしい事柄を前に付け加えて「○○＋交给我吧」という形でも使えます。「调查的事就交给我吧。Diào chá de shì jiù jiāo gěi wǒ ba.」（調査の件は私に任せてください）。「交给我了。Jiāo gěi wǒ le.」とも言います。

---

❸ 積極的に仕事をする

Zhèi jiàn shì jiù jiāo gěi wǒ ba.
A: 这件事就交给我吧。

Nǐ néng xíng ma?
B: 你能行吗？

Shì shi kàn.
A: 试试看。

> **A:** この件は私に任せてもらえませんか。
> **B:** 君、大丈夫なの？
> **A:** やってみます。

BEST 16-20 CD 69

16
● 嬉しい気持ち
太高兴了！
Tài gāo xìng le! [タイ ガオ シィン ラ]

17
● 訪問するとき
打扰一下。
Dǎ jiǎo yí xià. [ダー ディアオ イー シィア]

18
● 待ってほしい
请等一下。
Qǐng děng yí xià. [チィン デン イー シィア]

19
● 褒められて
您过奖了。
Nín guò jiǎng le. [ニィン グゥオ ディアン ラ]

20
● 残念な気持ち
太遗憾了。
Tài yí hàn le. [タイ イー ハン ラ]

4字フレーズ BEST 80

▶▶ 本当に嬉しい！

解説 とても嬉しい気持ちを表すときに使うひと言です。「高兴」は形容詞で、「太～了」の間に入れると、普通以上の程度を表すことができます。

▶▶ お邪魔します。

解説 人の家や会社などを訪ねたときに、家や部屋に入る前に言うひと言です。帰るときには「打搅了。Dǎ jiǎo le.」「打搅你了。Dǎ jiǎo nǐ le.」（お邪魔しました）と言います。

▶▶ 少々お待ちください。

解説 相手に待ってほしいときのひと言です。「请稍等。Qǐng shāo děng」とも言います。目上の人に使う場合、「请」の後に「您」を入れると丁寧になります。「请您稍等。」「请您等一下。」

▶▶ 褒めすぎですよ。

解説 褒められたときに謙遜するフレーズです。「そんなことはありませんよ」とか「たいしたことではありませんよ」という意味です。「哪里哪里。Nǎ lǐ nǎ lǐ」とも言います。また、両者を一緒に使うこともよくあります。「哪里哪里。您过奖了。」

▶▶ それは残念ですね。

解説 相手が言ったことに対して、「それは残念ですね」とか「それはもったいないぐすね」など、残念な気持ちを表したいときに使うひと言です。「真遗憾。Zhēn yí hàn.」とも言います。

BEST 21-25

21 ● 相手を褒める
真了不起。
Zhēn liǎo bu qǐ. [チェン リィアオ ブ チー]

22 ● 信じられない
怎么可能。
Zěn me kě néng. [ヅェン マ カー ネン]

23 ● 事の真相を知って
原来如此。
Yuán lái rú cǐ. [ユアン ライ ルゥー ツー]

24 ● 言動をやめさせる
有完没完。
Yǒu wán méi wán. [イオウ ウアン メイ ウアン]

25 ● 判断を任せる
你决定吧。
Nǐ jué dìng ba. [ニー ヂュエ ディン バ]

4字フレーズ BEST 80

▶▶ なかなかやるね。

解説 相手が起こした行動、またはその行動の結果を称賛するときの言葉です。最初の「真」は強めに発音しましょう。「太了不起了。Tài liǎo bu qǐ le.」とも言います。主語を付けて使うこともできます。

▶▶ あり得ない。

解説 たとえば、昨日までとても仲のよかったカップルが別れたと聞かされ、「ありえない」「冗談はやめてよ」という信じられない気持ちを表すときの言葉です。「不可能」とも言います。

▶▶ そういうことだったのか。

解説 それまで結果だけを知っていたことの背景や理由を聞かされて、「そういうことだったのか」「なるほど」と納得する表現です。「原来是这样。Yuán lái shì zhèi yang.」とも言います。

▶▶ いい加減にしなさい。

解説 たとえば、いつまでも喧嘩をやめない子供たちに対して、「いい加減にしなさい」とか「いつまでやっているの」と、相手の言動をやめさせるためのひと言です。前に「你」を付けることもできます。

▶▶ あなたが決めてください。

解説 判断や決定などをすべて相手に任せるときに使うひと言です。「你看着办吧。Nǐ kàn zhe bàn ba.」とも言います。

26 ● 行動をせかす
都几点了。
Dōu jǐ diǎn le. [ドウ ヂー ディエン ラ]

27 ● 運の良さに感心する
你真走运。
Nǐ zhēn zǒu yùn. [ニー ヂェン ヅォウ ユン]

28 ● 良くも悪くもない
马马虎虎。
Mǎ mǎ hū hū. [マー マー ホゥ ホゥ]

29 ● おいとまする
我该走了。
Wǒ gāi zǒu le. [ウオ ガイ ヅォウ ラ]

30 ● 先に失礼する
我先走了。
Wǒ xiān zǒu le. [ウオ シィエン ヅォウ ラ]

▶▶ 何時だと思っているの。

解説　グズグズしている人に早くしてほしいときに催促するひと言です。こう言う人は心中が穏やかではないはずなので、気持ちを込めて言いましょう。「还不快点儿。Hái bu kuài diǎnr.」も同じ意味の言葉です。

▶▶ 運が良いですね。

解説　相手の運の良さに感心したときに使うひと言です。「走运」は「運がいい」、「不走运」は「運が悪い」という意味です。「你」を第三者に変えることもできます。

▶▶ まあまあです。

解説　たとえば、「仕事はいかがですか」と聞かれ、「まあまあですね」と言うときの返事の言葉です。さまざまな場面に使え、当たらず触らず便利な言い方なので、ぜひ覚えておきましょう。「还行。Hái xíng.」とも言います。

▶▶ そろそろ失礼します。

解説　今いる場所を離れたいときに言う表現です。「该+動詞+了」は「そろそろ〜をする」という意味を表します。「対不起」など、謝る言葉を付け加えると完璧です。

▶▶ お先に失礼します。

解説　自分がみんなより先に帰りたいときの表現です。「先」は副詞で、「先に」という意味です。「副詞+動詞」というセットの用法も覚えておきましょう。「我先吃了。Wǒ xiān chī le.」（お先にいただきました）

31
● 信頼している

我相信你。
Wǒ xiāng xìn nǐ. ［ウオ シィアン シィン ニー］

32
● 帰宅したときに

我回来了。
Wǒ huí lái le. ［ウオ ホゥイ ライ ラ］

33
● 推測が正しかった人に

你猜对了。
Nǐ cāi duì le. ［ニー ツァイ ドゥイ ラ］

34
● 自分が推測したとおり

一猜就是。
Yì cāi jiù shì. ［イー ツァイ ディウ シー］

35
● 人を褒める

好样儿的。
Hǎo yàngr de. ［ハオ ヤール ダ］

▶▶ 信用しているよ。

解説 「相信」は「信じる、信用する」という意味ですが、中国語では、誰が誰を信用しているのか、その人間関係をはっきりさせなければならないので、「我相信你。」とします。

▶▶ ただいま。

解説 中国では、「ただいま」「お帰りなさい」という決まった言い方はありませんが、自分が帰ってきたことを家にいる家族にあえて知らせたいときの一言です。家族は「回来了。」と応じます。

▶▶ よく当たったね。

解説 「猜」は謎や答えを「当てる」で、「あなたは正しく当てることができました」という意味です。「対duì」を強調して発音しましょう。主語を変えることもできます。

▶▶ そうだろうなと思いました。

解説 あることを相手に知らされ、それが自分の予測していた通りであったとき、「絶対にそうだろうと思っていた」とか「最初からそう思っていた」という意味で使います。

▶▶ すごいよね。

解説 若者同士の間でよく使う相手を褒める言葉の一つです。「すごい」「やばい」という意味です。目上の人には使わないので、注意してください。「好」を伸ばし気味に発音しましょう。

BEST 36-40

36 ● 時間を有効に
抓紧时间。
Zhuā jǐn shí jiān. [ヂゥア ヂン シー ディエン]

37 ● ミスを指摘する
你搞错了。
Nǐ gǎo cuò le. [ニー ガオ ツゥオ ラ]

38 ● 助けが必要か聞く
要帮忙吗？
Yào bāng máng ma? [ヤオ バン マン マ]

39 ● 怒り心頭で
气死我了。
Qì sǐ wǒ le. [チー スー ウオ ラ]

40 ● 真剣な話の前に
说正经的。
Shuō zhèng jīng de. [シゥオ ヂェン ディン ダ]

4字フレーズ BEST 80

▶▶ 時間を無駄にしないように。

解説 「抓紧」は「しっかりつかむ」、つまり、「時間をしっかり掴んでください」という意味で、「時間を無駄にしないでください」となるわけです。「别浪费时间。Bié làng fèi shí jiān.」とも言います。

▶▶ あなたの間違いですね。

解説 「搞」は「する、やる」、「错」は「間違い、ミス」という意味です。つまり「あなたは間違えました」という意味になります。相手の間違いやミスを指摘するときに使うひと言です。「你弄错了。Nǐ nòng cuò le.」とも言います。

▶▶ お手伝いしましょうか。

解説 たとえば、困っている人を見かけて、「何かお手伝いしましょうか」と声をかけるときの言葉です。助けが必要ではないときの返事は「谢谢。不用。Xiè xie. Bú yòng.」(ありがとう、大丈夫です)です。

▶▶ 頭にきた。

解説 怒り心頭のときにそれを表現する言葉です。その原因が人の場合には、「こいつ」とか「この野郎」と訳すこともできます。原因が物事の場合、たとえば渋滞に遭ったときなどは、「まったく、もう!」とか「あり得ないよ!」という意味になります。

▶▶ 真面目な話ですが。

解説 たとえば何人かで話をしているとき、「これから真面目な話をしますから」と周囲に宣言するときのひと言です。「说正格的。Shuō zhèng gé de.」とも言います。

BEST 41-45

41
● 口先だけの人に
耍嘴皮子。
Shuǎ zuǐ pí zi. [シゥア ヅゥイ ピー ヅ]

42
● 忙しいと断る
正忙着呢。
Zhèng máng zhe ne. [ヂェン マン ヂァ ナ]

43
● 通してほしい
请让一下。
Qǐng ràng yí xià. [チィン ラン イー シィア]

44
● 割り勘にする
各付各的。
Gè fù gè de. [ガー フゥー ガー ダ]

45
● 落ち込んでいる人に
想开点儿。
Xiǎng kāi diǎnr. [シィアン カイ ディアル]

4字フレーズ BEST 80

▶▶ 口先ばかり！

解説 「嘴皮子」は唇のことで、「耍」は「操る」という意味。つまり「実際には何もしないで口先だけ」という意味になります。「别耍嘴皮子。Bié shuǎ zuǐ pí zi.」（口先ばかりはやめにして）もよく使います。

▶▶ いま手が離せないんです。

解説 たとえば、大事な仕事をしているとき、急に来客があって、それを断るときのひと言です。主語を付けて使うこともできます。「部长正忙着呢。Bù zhǎng zhèng máng zhe ne.」（部長はいま手が離せません）

▶▶ 通していただけますか。

解説 自分が通りたいときに、道を空けてくれるように相手に言うひと言です。歩道、電車の中、映画館など、さまざまな場所で使えます。「对不起」「劳驾」のような言葉を前に置くといいでしょう。

▶▶ 割り勘にしましょう。

解説 「割り勘にしましょう」と提案するときのひと言です。単独フレーズでも使いますが、「今天我们各付各的吧。Jīn tiān wǒ men gè fù gè de ba.」（今日は割り勘にしましょう）という言い方もよく使います。

▶▶ くよくよしないで。

解説 「想开」は「悟っている、くよくよしない」という意味。「考えてもしようがないことを考えるな」という表現で、人を慰める言葉です。「想开了。Xiǎng kāi le.」は「ふっきれた」という意味です。

BEST 46-50

---

46 ● 間違いを聞く
哪儿错了？
Nǎr cuò le? ［ナール ツゥオ ラ］

---

47 ● 自宅に招待する
空着手来。
Kōng zhe shǒu lái. ［クゥン ヂァ シォウ ライ］

---

48 ● 約束を交わす
一言为定。
Yì yán wéi dìng. ［イー イエン ウエイ ディン］

---

49 ● 待ち合わせの確認
不见不散。
Bú jiàn bú sàn. ［ブー ディエン ブー サン］

---

50 ● 遠方に出かける人に
一路顺风。
Yí lù shùn fēng. ［イー ルー シゥン フォン］

4字フレーズ BEST 80

▶▶ どう違うの？

解説 「哪儿」は「どこ？」と場所を指す疑問詞です。つまり、中国語では、「どこが間違っているの？」と聞きます。「什么地方错了？ Shén me dì fang cuò le?」「怎么错了？ Zěn me cuò le?」とも言います。

▶▶ 手ぶらで来てください。

解説 「空着手」は「手が空いている」という意味で、つまり、「手が空いている状態で来てください」となります。自宅に招待するお客さんに対して、「気をつかわないように」と事前に言うひと言です。

▶▶ 約束ですよ。

解説 約束を交わした後、「これで決まりですね」とか「約束ですよ」と相手に念を押したり、確認したりするためのひと言です。どんな約束にも使えます。

▶▶ 約束ですよ。

解説 文字通りには「待ち合わせの場所で会わないと帰れない」という意味です。待ち合わせの約束のみに使います。「不散 bú sàn」をやや強めに発音しましょう。「一言为定。」も使えます。

▶▶ お気をつけて。

解説 帰省や留学など遠方に出かける人にかける別れのあいさつです。「顺风」は「追い風」の意味で、「道中順調でありますように」という意味になるわけです。「祝你一路顺风。」とも言います。

BEST 51-55

51
● 商売繁盛を願う

恭喜发财！
Gōng xǐ fā cái! ［ゴゥン シー ファー ツァイ］

52
● 来店したお客さんに

欢迎光临！
Huān yíng guāng lín! ［ホゥアン イン グゥアン リン］

53
● ご一緒できる

随时奉陪。
Suí shí fèng péi. ［スゥイ シー フォン ペイ］

54
● 誕生日を迎えた人に

生日快乐！
Shēng ri kuài lè! ［ション リー クゥアイ ラー］

55
● 年末年始のあいさつ

新年快乐。
Xīn nián kuài lè. ［シン ニィエン クゥアイ ラー］

4字フレーズ BEST 80

▶▶ 儲かりますように！

解説　お店や事業を始めた人へのお祝いの言葉として使います。「金運に恵まれますように」とか「儲かりますように」という意味です。新年のあいさつの定番でもあります。「財」を上げ調子で発音しましょう。

▶▶ いらっしゃいませ！

解説　レストランの接客係がお客さんを出迎えて、歓迎するときのひと言です。食事の後、お客さんを見送る際には、「谢谢光临。」「您慢走。Nín màn zǒu.」が定番です。あるいは両方一緒に使うこともよくあります。

▶▶ いつでもお供しますよ。

解説　「奉陪」は「付き添う、お供する、相手をする」という意味の謙遜的な言い方です。たとえば、どこかに一緒に行ってほしいと頼まれたとき、「いつでも大丈夫ですよ」とその頼みを快く受けるひと言です。

▶▶ お誕生日、おめでとうございます。

解説　「生日」は「誕生日」、「快乐」は「楽しい」という意味です。誕生日を迎えた人に対するお祝いの言葉です。「祝你生日快乐。Zhù nǐ shēng rì kuài lè.」とも言います。「快乐」はしっかりと発音しましょう。

▶▶ 新年おめでとうございます。

解説　中国では、年末と年始のあいさつの使い分けがはっきりしているわけではありません。「新年快乐。」は年末年始の両方に使えます。「良いお年をお迎えください」と「明けましておめでとうございます」を兼ねた言い方です。

BEST 56-60

56
● 新婚夫婦に
白头偕老。
Bái tóu xié lǎo. ［バイ トウ シィエ ラオ］

57
● 新婚夫婦に
早生贵子。
Zǎo shēng guì zǐ. ［ヅァオ ション グゥイ ヅー］

58
● 感動を伝える
感动极了。
Gǎn dòng jí le. ［ガン ドゥン ヂー ラ］

59
● 感激を伝える
激动极了。
Jī dòng jí le. ［ヂー ドゥン ヂー ラ］

60
● 注意を促す
小心脚下。
Xiǎo xīn jiǎo xià. ［シィアオ シィン ヂィアオ シィア］

4字フレーズ BEST 80

▶▶ いつまでもお幸せに。

解説 結婚式や披露宴のときに新郎新婦にかけるお祝いの言葉の定番です。「共に白髪になるまで添い遂げるように」という意味です。「白头到老。Bái tóu dào lǎo.」とも言います。前に「祝你们 zhù nǐ men」を付け加えるパターンが多いです。

▶▶ 早く子宝に恵まれますように。

解説 「早く子供が生まれますように」という意味で、結婚式や披露宴のときに新郎新婦にかけるお祝いの言葉の一つです。これも前に「祝你们 zhù nǐ men」を付け加えるパターンが多いです。

▶▶ すごく感動しました。

解説 非常に感動したとき、その感動ぶりを表すひと言です。「形容詞+极了」という形は「すごく〜だ」という強い程度を表すときに使います。

▶▶ すごく感激しました。

解説 たとえば、大好きな映画スターと握手したり、あるいは壮麗な景色を見たりしたとき、感激した気持ちを表すひと言です。「极」は上げ調子で強めに発音しましょう。

▶▶ 足元に気をつけて。

解説 「小心」は「気をつける」という意味です。「小心+○○」で「○○に気をつけてください」という意味になります。たとえば、「小心车。Xiǎo xīn chē.」なら「車に気をつけてください」です。

61

● 人のことを羨む

真羡慕你。
Zhēn xiàn mù nǐ. ［ヂェン シィエン ムー ニー］

62

● 言い訳させない

别找借口。
Bié zhǎo jiè kǒu. ［ビエ ヂィアオ ヂィエ コウ］

63

● ひどく疲れたとき

累死我了。
Lèi sǐ wǒ le. ［レイ スー ウオ ラ］

64

● 励ます

继续努力。
Jì xù nǔ lì. ［ヂー シュイ ヌゥー リー］

65

● 散らかした子供に

收拾起来。
Shōu shi qǐ lai. ［シォウ シー チー ライ］

4字フレーズ BEST 80

▶▶ 羨ましい。

解説　相手のことを羨ましいと感じたときのひと言です。主語の「我」を省略した形でよく使います。ただし、羨やむ対象（この場合は「你」）は明確にしないといけません。

▶▶ 言い訳はダメだよ。

解説　「找」は「探す」、「借口」は「言い訳」で、つまり、「言い訳を探してはいけない」という意味のフレーズです。「找什么借口。Zhǎo shén me jiè kǒu.」とも言います。

▶▶ くたくただよ。

解説　「形容詞＋死我了」は「すごく〜だ、ひどく〜だ」という普通ではない程度を表すときに使います。ポジティブ・ネガティブの両方に使えます。「高兴死我了。Gāo xìng sǐ wǒ le.」（すごく嬉しい！）

▶▶ これからもがんばって！

解説　これまでがんばってきた人に、「今後もその努力を続けてほしい」と励ますひと言です。「继续」は「継続する」という意味です。「继续」をしっかり発音しましょう。

▶▶ 片付けなさい！

解説　部屋を散らかした子供に、片付けるよう促すひと言です。「来」は軽く発音しましょう。「快点儿收拾起来。Kuài diǎnr shōu shi qǐ lai.」で「早く片付けなさい」となります。

BEST 66-70

66 ● 請け合う
这是事实。
Zhèi shì shì shí. ［ヂェイ シー シー シー］

67 ● チャンスを逃さない
机会难得。
Jī huì nán dé. ［ヂー ホゥイ ナン ダー］

68 ● 人を紹介されたとき
久仰大名。
Jiǔ yǎng dà míng. ［ヂィウ ヤン ダー ミィン］

69 ● 話を本題に戻す
言归正传。
Yán guī zhèng zhuàn. ［イエン グゥイ ヂェン ヂゥアン］

70 ● 人の話に割り込む
我插一句。
Wǒ chā yí jù. ［ウオ チァー イー ヂゥイ］

4字フレーズ BEST 80

▶▶ **これは事実です。**

解説　たとえば、何かを説明した後で、「これは本当のことです」とか「これは事実です」と話の内容を保証するときのひと言です。

▶▶ **こんなチャンス、二度とないよ。**

解説　「めったにないチャンスなんだから、逃してはダメだ」と、相手に忠告したり、自分に念を押したりするときに使うひと言です。「难得」は「得るのが難しい」という意味です。

▶▶ **お名前は存じ上げています。**

解説　有名人や自分が尊敬する人を紹介されたとき、相手に対して敬意を示すひと言です。冗談半分に言う場合もけっこう多いです。「大名」はやや強めに発音しましょう。

▶▶ **本題に戻りましょう。**

解説　話している途中で内容が本題からずれてしまったとき、「では、本題に戻りましょう」と言うときに使う表現です。ちょっとした話のときにも、正式な会議のときにも使えます。

▶▶ **お話し中失礼ですが。**

解説　「插」は「挟む」という意味で、「私はひと言口を挟みます」という表現です。他の人々が話している最中に第三者として割り込むときに事前に断るひと言です。この前に「对不起。」を付け加えるといいでしょう。

BEST 71-75

71
● 驚かされて

吓我一跳。

Xià wǒ yí tiào. [シィア ウオ イー ティアオ]

72
● みんな同じわけではない

因人而异。

Yīn rén ér yì. [イン レン アル イー]

73
● 相手の見解を聞く

你怎么看？

Nǐ zěn me kàn? [ニー ヅェン マ カン]

74
● しばらく会えない人に

保持联系。

Bǎo chí lián xì. [バオ チー リィエン シー]

75
● 気づかいをしないで

别张罗了。

Bié zhāng luo le. [ビエ ヂャン ルオ ラ]

4字フレーズ BEST 80

▶▶ びっくりした！

解説 誰かにびっくりさせられたとき、とっさに出る「ああ、びっくりした」のようなひと言です。「跳び上がるほどびっくりした」という意味です。「吓了我一跳。」とも言います。

▶▶ 人によります。

解説 質問の内容について、「すべての人がそうだとなかなか言いづらい」ときに使うひと言です。たとえば、「中国人はみんな餃子が好きですか」とたずねられて、「一概には言えない」という意味で使います。

▶▶ どのようにお考えでしょうか。

解説 相手の考えや見方などを聞くときに使うひと言です。「看」は「見る」という意味で、つまり、「(この件を) どのように見ているのか」とたずねています。「看」は下げ調子でしっかりと発音しましょう。

▶▶ 連絡を取り合いましょう。

解説 これからしばらく会えない人と別れるとき、その人と常に連絡を取り合いたいという気持ちを表すひと言です。社交辞令として使うこともよくあります。「また電話をする」のような言い方になります。

▶▶ どうぞ、おかまいなく。

解説 たとえば、友人宅を訪ねたときに、一所懸命にお茶やお菓子を用意する友人に「どうぞ、おかまいなく」という意味で使います。「张罗」をしっかりと発音しましょう。

BEST 76-80

76
● 幸運を祈る

祝你走运。
Zhù nǐ zǒu yùn. ［ヂゥー ニー ヅォウ ユン］

77
● 知らないことを聞く

打听一下。
Dǎ ting yí xià. ［ダー ティン イー シィア］

78
● 用件を聞く

有事儿吗？
Yǒu shìr ma? ［イオウ シャール マ］

79
● 電話を取り次ぐ

你要哪儿？
Nǐ yào nǎr? ［ニー ヤオ ナール］

80
● 気分爽快である

真带劲儿。
Zhēn dài jìnr. ［ヂェン ダイ ヂャール］

▶▶ 幸運を祈ります。

解説 これから遠方に出かける人や、あるいは何かに挑戦する人にかける言葉で、「幸運に恵まれますように」という意味です。別れのあいさつとしても使えます。「运」は下げ調子で発音しましょう。

▶▶ ちょっとおたずねしますが。

解説 「打听」は「たずねる、問い合わせる」という意味で、聞き手が知らない事柄をたずねる場合に使います。「跟您打听一下。Gēn nín dǎ ting yí xià.」とも言います。

▶▶ 何かご用でしょうか。

解説 自分のところを訪ねてきた人や、電話をかけてきた人に「どうしましたか」とか「何かご用ですか」と聞くときに使うひと言です。「有什么事儿吗？Yǒu shén me shìr ma?」とも言います。

▶▶ どちらにご用でしょうか。

解説 大きな会社や政府機関などの代表番号に電話をかけたとき、電話を取り次いでくれた人が言う「どちらの部署にご用でしょうか」という決まった言い方です。

▶▶ 最高の気分！

解説 たとえば、スポーツの後、冷たい飲み物を飲んだとき、食べたいものをお腹いっぱい食べたとき、好きなチームが勝ったときなど、その爽快感と嬉しさを表すひと言です。

もっと超ミニフレーズ ❹ 感嘆表現

「怎么这么+形容詞」という表現は、人・物・事の望ましくない状態について、不満や文句、愚痴を言うときに使うものです。「なんでこんなに〜なのだ」「とてつもなく〜だ」「ありえないほど〜だ」という意味です。

Zěn me zhè me lěng.
怎么这么冷。 なんでこんなに寒いのだ。

Zěn me zhè me mēn rè.
怎么这么闷热。 なんでこんなに蒸し暑いのだ。

Zěn me zhè me guì.
怎么这么贵。 なんでこんなに高いのだ。

Zěn me zhè me chǎo.
怎么这么吵。 なんでこんなにうるさいのだ。

Zěn me zhè me fán rén.
怎么这么烦人。 なんでこんなにわずらわしいのだ。

Zěn me zhè me nán chī.
怎么这么难吃。 なんでこんなにまずいのだ。

Zěn me zhè me nán tīng.
怎么这么难听。 なんでこんなに下品なのだ。

Zěn me zhè me nán kàn.
怎么这么难看。 なんでこんなに見苦しいのだ。

Zěn me zhè me méi yì si.
怎么这么没意思。 なんでこんなにつまらないのだ。

Chapter 5 ● 中国人のように話せる

5字フレーズ
BEST 80

CD 76 〜 CD 97

BEST 1

Wǒ mǎ shàng jiù lái. [ウオ マー シァン ディウ ライ]

我马上就来。

すぐ行きますよ。

🔊 「我」は軽く、聞こえるか聞こえない程度で発音しましょう。「马上 mǎ shang」は強めに言ってください。

会話で使おう！

❶ 手伝いをする

Líng líng, lái bāng yí xià máng.
A: 玲玲，来帮一下忙。
Wǒ mǎ shàng jiù lái.
B: 我马上就来。

(A: リンリン、ちょっと手伝って！
  B: すぐ行きます。)

❷ 上司のオフィスに

Lái wǒ bàn gōng shì yí xià.
A: 来我办公室一下。
Zhī dào le, wǒ mǎ shàng jiù lái.
B: 知道了，我马上就来。

办公室＝「事務室」

(A: ちょっとオフィスに来てください。
  B: かしこまりました。すぐ参ります。)

5字フレーズ BEST 80

使い方のヒント

人に呼ばれて、その人のところにすぐ駆けつけることを伝える表現です。日本語では、「すぐ行きます」と言いますが、中国語では、行く「去 qù」ではなく、来る「来 lái」を使います。相手の視点に立った表現になるわけです。

---

❸ ご飯ができた

Fàn zuò hǎo le, gǎn kuài chī ba.
A: 饭做好了，赶快吃吧。

Wǒ mǎ shàng jiù lái.
B: 我马上就来。

> **A:** ご飯ができたよ。早く食べなさい。
> **B:** すぐ行くよ。

表現ワンポイント

たとえば、赤ちゃんが隣の部屋で突然泣き出して、お母さんは慌ててそこに向かいながら「来了，来了。Lái le, lái le.」と言います。赤ちゃんにとっては「来てくれる」ということになるわけですね。

BEST 2

Zuì jìn zěn me yàng? ［ヅゥイ ヂィン ヅェン マ ヤン］

最近怎么样？

最近いかがですか。

🔊 「最 zuì」は舌を下の歯の裏に付け、やや力を入れて発音してください。「样 yàng」は口を開けすぎないように。

会話で使おう！

① まあまあです

A: Zuì jìn zěn me yàng?
最近怎么样？

B: Hái kě yǐ.
还可以。

(A: 最近いかがですか。
  B: まあまあです。)

② 元気です

A: Zuì jìn zěn me yàng?
最近怎么样？

B: Hěn hǎo.
很好。

(A: 最近お元気でしょうか。
  B: 元気ですよ。)

5字フレーズ BEST 80

使い方のヒント

中国語のあいさつ表現はたくさんあります。「最近怎么样?」は相手の近況をたずねる比較的カジュアルなあいさつです。「最近いかがでしょうか」「最近お元気ですか」「最近調子はどう?」という意味です。応答は決まった言い方がなく、自分の近況を述べればOKです。

---

❸ 相変わらず

Zuì jìn zěn me yàng?
A: 最近怎么样？

Lǎo yàng zi.
B: 老样子。

> **A:** 最近いかがでしょうか。
> **B:** 相変わらずです。

❹ 忙しい

Zuì jìn zěn me yàng?　　Hǎo xiàng hěn máng.
A: 最近怎么样？　好像很忙。

Shì hěn máng, nǐ ne?
B: 是很忙，你呢？

> **A:** 最近どうですか。忙しそうで。
> **B:** 忙しいですよ。あなたは？

BEST 3

Zhēn yǒu liǎng xià zi. [ヂェン イオウ リィアン シィア ヅ]

真有两下子。

なかなかやるじゃない。

🔊 「真 zhēn」は伸ばし気味に、やや強めに発音しましょう。最後は軽く短く終えてください。

会話で使おう！

① 上司を説得できた

Zhōng yú bǎ bù zhǎng shuō fú le.
A: 终于把部长说服了。

Zhēn yǒu liǎng xià zi.
B: 真有两下子。

（ A: やっと部長を説得できました。
  B: なかなかやるじゃない。）

② 3年連続1位

Tā lián xù sān nián huò dé jīn pái.
A: 他连续三年获得金牌。

Zhēn yǒu liǎng xià zi.
B: 真有两下子。

金牌＝「金メダル」

（ A: 彼は3年連続で金メダルを獲得しましたよ。
  B: なかなかやるね。）

5字フレーズ BEST 80

使い方のヒント

何かを成し遂げた人に対して、「なかなかやるね」「よくやりました」「よくがんばりましたね」と、褒めてあげたり喜んであげたりするときのひと言です。「真了不起。Zhēn liǎo bu qǐ.」も同じ褒め言葉で、両者にはそれほど差はありませんが、どちらかと言うと「真了不起」が成果を褒め、「真有两下子」は技術や腕前を褒めるニュアンスです。

---

❸ 契約を取った

Jīn tiān zhōng yú bǎ hé tong qiān le.

A: 今天终于把合同签了。

Zhēn yǒu liǎng xià zi.　Xīn kǔ le.

B: 真有两下子。辛苦了。　　签合同＝「契約を交わす」

（
A: 今日やっと契約を交わせました。
B: よくがんばりましたね。お疲れ様です。
）

表現ワンポイント

フレーズの前に主語を付けて使うこともできます。たとえば、「他真有两下子。Tā zhēn yǒu liǎng xià zi.」。目の前にいる人のことを言う場合、「你」は付けても付けなくても大丈夫です。「你」を付ければ「你真有两下子。Nǐ zhēn yǒu liǎng xià zi.」です。

BEST 4

Kǒng pà bú huì de. [クゥン パー ブー ホゥイ ダ]

恐怕不会的。

おそらくそうならないでしょう。

🔊 「恐 kǒng」は低い声でやや抑え気味に発音してください。「怕 pà」は思いきり下げ調子で言いましょう。

会話で使おう！

❶ 時間通りに来るか

Tā jīn tiān huì zhǔn shí lái ma?
A: 他今天会准时来吗？

Kǒng pà bú huì de.
B: 恐怕不会的。

准时＝「時間通りに」

A: 彼は今日は時間通りに来るかなあ。
B: おそらく来ないでしょう。

❷ 許可をもらえるか

Bù zhǎng huì tóng yì ma?
A: 部长会同意吗？

Kǒng pà bú huì de.
B: 恐怕不会的。

A: 部長の許可をもらえると思いますか。
B: おそらくもらえないでしょう。

5字フレーズ BEST 80

使い方のヒント

たとえば、「いま行ってもまだ間に合うかなあ」と聞かれて、「そうは思わない」「さあ、どうかしら？」「疑わしいね」などとネガティブに返したいときに使う表現です。「恐怕」は「たぶん、おそらく」という意味です。「恐怕不会」とも言い、どちらも意味は同じです。

❸ 和解できるか

Nèi jiā gōng sī huì gēn wǒ men jiǎng hé ma?
A: 那家公司会跟我们讲和吗？

Wǒ jué de kǒng pà bú huì de.
B: 我觉得恐怕不会的。

讲和＝「和解する」

(A: あの会社は和解に応じると思いますか。
  B: さあ、どうかな。)

表現ワンポイント

「恐怕不会」の前に主語、後に動詞を付けて、「主語＋恐怕不会＋動詞」の形で、「～さんはおそらく～をすることはないでしょう」という文をつくれます。「他今天恐怕不会来。Tā jīn tiān kǒng pà bú huì lái.」（彼は今日おそらく来ないと思います）

BEST 5

Nǐ tài kè qi le. [ニー タイ カー チ ラ]

你太客气了。

とんでもありません。

🔊 「太 tài」は下げ調子で、強めに、そしてやや伸ばし気味に発音しましょう。「客 kè」は口を開けすぎないように気をつけてください。

会話で使おう！

① 手伝ってあげた人に

Nǐ bāng le wǒ dà máng le.
A: 你帮了我大忙了。

Nǐ tài kè qi le.
B: 你太客气了。

(**A:** 本当に助かりました。
B: とんでもありません。)

② 車で送ってあげた人に

Xiè xie nǐ kāi chē sòng wǒ.
A: 谢谢你开车送我。

Nǐ tài kè qi le.
B: 你太客气了。

(**A:** 送っていただいてありがとうございます。
B: お礼はけっこうですよ。)

5字フレーズ BEST 80

使い方のヒント

人に何かをしてあげて感謝されたときに、「お礼には及びません」「お礼をする必要はありません」と謙虚な気持ちを表す表現です。「客气」は「遠慮する」という意味で、直訳すると「そんなに遠慮しなくていいですよ」「そんなに感謝されるようなことをしていませんから」という意味になります。

---

③ 感謝されて

Gǎn xiè nǐ zhè me guān xīn wǒ.

A: 感谢你这么关心我。

Nǐ tài kè qi le.

B: 你太客气了。

> **A:** 心配していただいて心から感謝します。
> **B:** とんでもありません。

表現ワンポイント

感謝されたときの応答の言葉は他にもいくつかあります。よく使われるのは「别客气。Bié kè qi.」「不客气。Bú kè qi.」「没关系。Méi guān xi.」など。どれも丁寧さに差はありません。「你太客气了」の「你 nǐ」を「您 nín」に変えれば、目上の人に使うとても丁寧な言い方になります。

BEST 6

Rèn shén me zhēn ya. [レン シェン マ ヂェン ヤ]
认什么真呀。

むきになるなよ。

🔊 「认 rèn」はそり舌の発音で、舌先が口の上側に付かないように。「真 zhēn」はやや強めにしっかりと発音しましょう。

会話で使おう！

① 忍耐が切れた人に

Shí zài rěn bu xià qù.
A: 实在忍不下去。

Rèn shén me zhēn ya!
B: 认什么真呀！

(**A:** もうこれ以上がまんできない。
 B: むきになるなよ！)

② 怒っている人に

Rèn shén me zhēn ya!　　Bié lǐ tā.
A: 认什么真呀！ 别理他。

Tā tài bu xiàng huà le.
B: 他太不像话了。　　不像话＝「話にならない」

(**A:** むきになるなよ！ 相手にするな。
 B: あんなのあり得ないだろう。)

5字フレーズ BEST 80

使い方のヒント

相手が怒っていたり興奮していたりするとき、「そんなにむきになるなよ」とか「気を楽に」となだめるひと言です。「认真」は「真面目な、まともな」という意味で、つまり、「真面目に受け止めるなよ」→「むきになるな」となるわけです。「别认真。Bié rèn zhēn.」や「别当真。Bié dàng zhēn.」とも言います。

---

❸ 反抗期の子供

Zhèi hái zi zǒng gēn wǒ dǐng zuǐ.
A: 这孩子总跟我顶嘴。

Rèn shén me zhēn ya. Tā hái shì hái zi.
B: 认什么真呀。她还是孩子。　顶嘴＝「口答えする」

(**A:** この子はいつも口答えをします。
  B: むきにならないで。まだ子供じゃないの。)

表現ワンポイント

中国語では、一部の動詞の間に「什么 shén me」を入れて、「～をするな」という意味の表現をつくれます。たとえば、「吃醋 chī cù」(嫉妬する)を使った「吃什么醋呀。Chī shén me cù ya.」(焼もちを焼くな)のような言い方があります。

BEST 7

Tiān tā bú xià lái. [ティエン ター ブー シィア ライ]

天塌不下来。

たいしたことにはならないですよ。

🔊 「天 tiān」を言った後、ほんの気持ち間を空けてから次の発音をしてください。「塌 tā」は伸ばし気味に発音しましょう。

会話で使おう！

① 困惑している人に

Zhèi xià zi huài le.　　Zhèi kě zěn me bàn a!
A: 这下子坏了。这可怎么办啊！
Bié zháo jí.　　Tiān tā bú xià lái.
B: 别着急。天塌不下来。

A: これはたいへん。どうしましょう！
B: 落ち着いて。たいしたことにはならないですよ。

② 恐れている人に

Dǒng shì zhǎng fā huǒ zěn me bàn ya?
A: 董事长发火怎么办呀？
Fàng xīn ba.　　Tiān tā bú xià lái.
B: 放心吧。天塌不下来。

发火＝「怒り出す」

A: 会長が怒ったらたいへんだ。
B: 心配しないで。たいしたことにはならないよ。

5字フレーズ BEST 80

使い方のヒント

「塌」は「（山や道路が）崩落する」という意味で、つまり、「天が落ちて来るようなことにはならないよ」という意味のフレーズです。すごく困っていたり、何かを恐れていたり、どうしていいかわからない人を慰めるひと言です。

---

❸ 重圧に耐えかねている人に

Zhè me dà de zé rèn wǒ kě fù bu qǐ.
A: 这么大的责任我可负不起。

Méi guān xi.　　Tiān tā bú xià lái.
B: 没关系。天塌不下来。

A: こんな重大な責任、私は受けられませんよ。
B: 大丈夫だよ。たいしたことにはならないから。

表現ワンポイント

単独フレーズで使うことが多いです。その前後に、相手を安心させる言葉を付け加えることもよくあります。「天塌下来了，我顶着。Tiān tā xià lái le, wǒ dǐng zhe.」（もし天が落ちてくるようなことになったら、私が支えるから → 何かあったら私がなんとかするから安心して）とも言います。

BEST 8

Dǎ qǐ jīng shen lai! ［ダー チー ヂィン シェン ライ］

打起精神来！

元気を出して！

🔊 「打 dǎ」は低い声で発音してください。「精神 jīng shen」を強めに、特に「精」を強く発音しましょう。

会話で使おう！

❶ プロポーズに失敗

Tā jù jué le wǒ de qiú hūn.
A: 她拒绝了我的求婚。

Dǎ qǐ jīng shen lai!
B: 打起精神来！

(A: 彼女にプロポーズを断られてしまったよ。)
(B: 元気を出して！)

❷ 留学を反対された

Fù mǔ bù tóng yì wǒ qù liú xué.
A: 父母不同意我去留学。

Dǎ qǐ jīng shen lai!　　Zài xiǎng bié de bàn fǎ.
B: 打起精神来！再想别的办法。

(A: 親は留学に行かせてくれないの。)
(B: 元気を出して！　他の方法を考えよう。)

5字フレーズ BEST 80

使い方のヒント

何かの原因で落ち込んでいる人を、「元気を出してください」と慰めてあげるときに使う表現です。中国語の「精神」には「元気だ」という意味があります。単独フレーズで使うこともできますし、フレーズの後に相手へのアドバイスを付け加えてもいいです。「天塌不下来」と一緒に使ったらパーフェクト。どちらが先でもOKです。

❸ 落ち込んでいる人に

Nǐ zěn me wú jīng dǎ cǎi de.
A: 你怎么无精打采的。

Yòu ái mà le
B: 又挨骂了。

Dǎ qǐ jīng shen lai!　　Tiān tā bú xià lái.
A: 打起精神来！　天塌不下来。

挨骂＝「怒られる」

> **A:** 元気がないね。
> **B:** また怒られちゃった。
> **A:** 元気を出して！　たいしたことにはならないよ。

BEST 9

Jǔ shuāng shǒu zàn chéng. [デュイ シゥアン シォウ ヅァン チェン]

举双手赞成。

大赞成です。

🔊 「举 jǔ」の発音は、唇を口笛を吹くような形にして、唇に力を入れて短めに発音してください。「赞 zàn」は下げ調子で言いましょう。

会話で使おう！

① 休憩しよう

Wǒ kàn xiān xiū xi yí xià ba.
A: 我看先休息一下吧。

Jǔ shuāng shǒu zàn chéng.
B: 举双手赞成。

A: ひとまずちょっと休憩しましょう。
B: 大賛成です。

② 意見を求められて

Wǒ shuō de nǐ tóng yì bù tóng yì?
A: 我说的你同意不同意？

Wǒ jǔ shuāng shǒu zàn chéng.
B: 我举双手赞成。

A: 私の言っていること、どう思いますか。
B: 私は大賛成です。

5字フレーズ BEST 80

使い方のヒント

人が示した提案や計画に対して意見を求められ、「大賛成ですよ」と返答するときのひと言です。「举双手」は本来は「両手を挙げる」という意味ですが、ここでは、所作として両手を挙げるのではなく、「文句なく大賛成だ」という強調の意味で使っています。

---

❸ 相手の提案に

Wǒ rèn wéi zhèi cì hái shi fàng qì ba.

A: 我认为这次还是放弃吧。

Jǔ shuāng shǒu zàn chéng.

B: 举双手赞成。

放弃=「放棄する」

(**A:** 今回は見送ったほうがいいと、私は思います。
B: 大賛成ですね。)

❹ 歓迎会をしよう

Jīn tiān wǎn shang kāi huān yíng huì, zěn me yàng?

A: 今天晚上开欢迎会，怎么样？

Wǒ men jǔ shuāng shǒu zàn chéng!

B: 我们举双手赞成！

(**A:** 今晩、歓迎会をやりましょうか。
B: 私たちは大賛成です！)

BEST 10

Tài bu xiàng huà le! [タイ ブ シィアン ホゥア ラ]

太不像话了！

けしからん！

🔊 「太 tài」は強めに下げ調子で発音してください。「话 huà」は少し伸ばし気味に発音することがよくあります。

会話で使おう！

① また遅刻した

Duì bu qǐ, wǒ lái wǎn le.
A: **对不起，我来晚了。**

Tài bu xiàng huà le!
B: **太不像话了！**

> A: 遅くなって申し訳ありません。
> B: けしからん！

② 書類にミスがある

Shí zài duì bu qǐ. Wǒ bǎ zī liào nòng cuò le.
A: **实在对不起。我把资料弄错了。**

Tài bu xiàng huà le!
B: **太不像话了！**

> A: 申し訳ありません。資料に不備があって。
> B: しっかりしてくれよ！

使い方のヒント

相手の言動や態度に対して、「けしからん」「話にならない」「それはないでしょう」と怒る気持ちを表すときに使う表現です。第三者のことを言う場合は、フレーズの文頭に主語を付け加えて、「那个人太不像话了。Nèi ge rén tài bu xiàng huà le.」(あの人は本当にけしからん)と言います。

---

❸ 試験に落ちた

Yòu bu jí gé.　　Tài bu xiàng huà le!
A: 又不及格。太不像话了！

Míng tiān kāi shǐ yí dìng hǎo hāor xué xí.
B: 明天开始一定好好儿学习。

(**A:** また不合格か。話にならないね！
　B: 明日から必ず猛勉強します。)

❹ やり方がひどい

Tā men zhèi zhǒng zuò fǎ tài bu xiàng huà le!
A: 他们这种做法太不像话了！

Wǒ qù xiàng tā men tí chū kàng yì.
B: 我去向他们提出抗议。

(**A:** 彼らのこのやり方はひどいね！
　B: 彼らに抗議して来ますよ。)

BEST 11

Wǒ tuō bu kāi shēn. [ウオ トゥオ ブー カイ シェン]

我脱不开身。

手が離せません。

🔊 「脱 tuō」は「ウ」から「オ」へと素早くスムーズに移行できるように発音しましょう。「身 shēn」ははっきりと発音してください。

会話で使おう！

① 応じられない

Nǐ lái yí xià kě yǐ ma?
A: 你来一下可以吗？

Wǒ tuō bu kāi shēn.
B: 我脱不开身。

> A: ちょっと来ていただけますか。
> B: 手が離せないんです。

② 用件を受けられない

Nǐ bǎ zhèi ge zī liào sòng qu.
A: 你把这个资料送去。

Duì bu qǐ.　　Wǒ tuō bu kāi shēn.
B: 对不起。我脱不开身。

> A: この書類を届けてもらえますか。
> B: すみません。手が離せないのです。

5字フレーズ BEST 80

使い方のヒント

人に何かを頼まれたときに、「忙しくて、手が離せない」ということを伝えるひと言です。日本語では「手が離せない」とよく言いますが、中国語では「体が離せない」と言います。「部长现在脱不开身，您有什么事？Bù zhǎng xiàn zài tuō bu kāi shēn, nín yǒu shén me shì?」（部長はいま手が離せません。どんなご用件でしょうか）

---

❸ 相談に乗れない

Wǒ yǒu shì xiǎng gēn nǐ shāng liang.

A: 我有事想跟你商量。

Jīn tiān wǒ tuō bu kāi shēn.　　Míng tiān kě yǐ ma?

B: 今天我脱不开身。明天可以吗？

(**A:** 相談に乗ってもらいたいことがあるのですが。
  B: 今日はいっぱいなのです。明日でもいいですか。)

❹ 接客中で

Wǒ zhǎo Lǐ kē zhǎng.

A: 我找李科长。

Tā zhèng zài jiē dài kè rén,　　tuō bu kāi shēn.

B: 他正在接待客人，脱不开身。

(**A:** 李課長にお会いしたいのですが。
  B: 彼はいま接客中で、手が離せません。)

BEST 12

Ràng nín fèi xīn le. [ラン ニィン フェイ シィン ラ]

让您费心了。

お気づかいいただきまして。

🔊 「让 ràng」は、そり舌音で、舌先が口の上側に付かないように発音しましょう。「费 fèi」のf音は上の歯を下の唇の少し内側に軽く付けてください。

会話で使おう！

❶ 代わりに話してくれた

Wǒ yǐ jīng gēn tā shuō hǎo le.
A: 我已经跟他说好了。
Ràng nín fèi xīn le.　　Xiè xie nín.
B: 让您费心了。谢谢您。

> **A:** 彼にはもう話をつけてあります。
> **B:** 気を使っていただいて。ありがとうございます。

❷ 用件を任せる

Zhèi jiàn shì jiù jiāo gěi wǒ ba.
A: 这件事就交给我吧。
Tài xiè xie nín le.　　Ràng nín fèi xīn le.
B: 太谢谢您了。让您费心了。

> **A:** この件は私に任せてください。
> **B:** 感謝します。お気づかいいただきまして。

5字フレーズ BEST 80

使い方のヒント

文字通り「心を費やす」という意味で、「私のことで心を費やしていただいて」という意味になります。同年代の人には「你」、目上の人には「您」を使ってください。お礼の言葉と一緒に使うとより丁寧になります。あくまで、かなりの手間をかけた場合に使います。お茶を出してくれたり、席を譲ってくれたりした人には使いません。その際は「谢谢」です。

---

❸ 予約をしてもらう

Cān tīng wǒ lái dìng.
A: 餐厅我来订。
Nà tài hǎo le.　　Ràng nín fèi xīn le.
B: 那太好了。让您费心了。

(**A:** レストランの予約は私がしておきますよ。
　B: 助かります。気を使っていただいて。)

❹ 尽力に感謝する

Zhèi jiàn shì duō kuī le nín.　　Ràng nín fèi xīn le.
A: 这件事多亏了您。让您费心了。
Nǐ tài kè qi le.
B: 你太客气了。

(**A:** この件ではおかげで助かりました。お気づかいいただきまして。
　B: どういたしまして。)

BEST 13

Zhēn bù gǎn xiāng xìn. [チェン ブー ガン シィアン シィン]

真不敢相信。

本当に信じられません。

🔊 「敢 gǎn」は口を開けすぎないように、「エ」に近い音で発音してください。「相信 xiāng xìn」はしっかりと発音しましょう。

会話で使おう！

❶ 試験に合格した

Wǒ kǎo shàng yán jiū shēng le.
A: 我考上研究生了。

Zhēn bù gǎn xiāng xìn.
B: 真不敢相信。

研究生＝「大学院（生）」

A: 私、大学院の試験に受かったのよ。
B: 本当に信じられませんね。

❷ 4カ国語が堪能

Tīng shuō Zuò téng huì jiǎng sì guó yǔ yán.
A: 听说佐藤会讲四国语言。

Wǒ yě tīng shuō le.　Zhēn bù gǎn xiāng xìn.
B: 我也听说了。真不敢相信。

A: 佐藤さんは4カ国語が話せるそうです。
B: 私も聞きました。本当に信じられないですね。

5字フレーズ BEST 80

使い方のヒント

「不敢」は「〜をする勇気がない」「とても〜をすることができない」、「相信」は「信じる、信用する」という意味で、一緒に使って「とても信じることができない」「本当に信じられない」「あり得ない」と驚きを表します。単独フレーズで使ってもいいですし、フレーズの前後に具体的な内容を付け加えることもできます。

③ 上司が褒める

Bù zhǎng, zī liào quán dōu zhǔn bèi hǎo le.
A: 部长，资料全都准备好了。

Shì ma? Dōu shì nǐ yí ge rén gàn de ma?
B: 是吗？ 都是你一个人干的吗？

Shì de. Shì wǒ yí ge rén gàn de.
A: 是的。是我一个人干的。

Zhēn bù gǎn xiāng xìn. Xīn kǔ le.
B: 真不敢相信。辛苦了。

Xiè xie nín.
A: 谢谢您。

> A: 部長、資料を全部まとめました。
> B: そうかね。君が一人でやったのかい？
> A: そうです。全部私一人でやりました。
> B: 信じられないね。ご苦労様。
> A: ありがとうございます。

BEST 14

Xiàn zài fāng biàn ma? [シィエン ヅァイ ファン ビィエン マ]
现在方便吗？

いま大丈夫ですか。

🔊 「现 xiàn」は、舌先を下の歯の後ろに軽く付け、口の先の部分を使って発音してください。

会話で使おう！

❶ 電話で話す

A: Hǎo jiǔ bú jiàn le.　　Wǒ shì Tián zhōng.　Xiàn zài fāng biàn ma?
好久不见了。我是田中。现在方便吗？

B: Méi guān xi.　　Nǐ shuō ba.
没关系。你说吧。

(A: 久しぶりです。田中です。いま大丈夫ですか。
B: 大丈夫です。話してください。)

❷ そちらに行きたい

A: Xiàn zài fāng biàn ma?　Wǒ xiǎng qù nǐ nàr yí xià.
现在方便吗？ 我想去你那儿一下。

B: Wǒ xiàn zài zhèng máng zhe ne. Gǎi tiān ba.
我现在正忙着呢。改天吧。

(A: いま大丈夫ですか。そちらに行きたいのですが。
B: いま忙しいです。今度にしてもらえますか。)

5字フレーズ BEST 80

使い方のヒント

「方便」は日本語の意味とは違って、「便利である」「都合がいい」という意味です。目の前の相手に「いま都合はいかがですか」、電話の場合には「いま話しても大丈夫ですか」と聞きたいときに使う表現です。電話の場合、「现在说话方便吗？ Xiàn zài shuō huà fāng biàn ma?」とも言います。

---

❸ 同僚と会って

Ō, zuì jìn zěn me yàng?
A: 噢，最近怎么样？

Lǎo yàng zi. Nǐ ne?
B: 老样子。你呢？

Wǒ yě yí yàng. Xiàn zài fāng biàn ma? Qù hē bēi kā fēi ba?
A: 我也一样。现在方便吗？去喝杯咖啡吧？

Xíng a. Zǒu ba.
B: 行啊。走吧。

> A: やあ、最近どう？
> B: 相変わらずだよ。君は？
> A: 私も一緒よ。いま時間はある？ コーヒーでも飲みに行かない？
> B: いいね。行こう。

BEST 15

Ràng nín pò fèi le. [ラン ニィン ポー フェイ ラ]

让您破费了。

お金を使わせてしまって。

🔊 「破 pò」は有気音で、息を唇から吹き出すように発音してください。その場合、あまり強く言わないようにしましょう。

会話で使おう！

❶ ご馳走をしてくれた人に

Xiǎng chī shén me jiù diǎn shén me. Jīn tiān wǒ qǐng kè.
A: 想吃什么就点什么。今天我请客。

Ràng nín pò fèi le.
B: 让您破费了。

> **A:** 好きなものを頼んでください。今日は私のおごりです。
> **B:** 散財させてしまいますね。

❷ みんなからの贈り物

Zhèi shì dà jiā de yì diǎnr xīn yì.
A: 这是大家的一点儿心意。

Fēi cháng gǎn xiè. Ràng dà jiā pò fèi le.
B: 非常感谢。让大家破费了。

> **A:** これは私たちのほんの気持ちです。
> **B:** ありがとうございます。みなさんにお金を使わせてしまって。

5字フレーズ BEST 80

使い方のヒント

たとえば、豪華な料理に招待してくれた人や高価なプレゼントを贈ってくれた人に対して、「本当に申し訳ない」という気持ちを表すときに使う表現です。「破費」は相手に「金銭的な負担をさせてしまう」という意味です。お金の負担が大きくない場合は「让您费心了」、負担が大きい場合は「让您破费了」と覚えておくといいでしょう。「您」を第三者に変えて使えます。

---

❸ 贈り物をもらって

A: Zhè me guì zhòng de lǐ wù, shí zài bù gǎn dāng.
这么贵重的礼物，实在不敢当。

B: Xiǎo yì si. Shōu xia ba.
小意思。收下吧。

A: Ràng nín pò fèi le. Xiè xie nín.
让您破费了。谢谢您。

> A: けっこうなものをいただき、本当にありがとうございます。
> B: ほんの気持ちです。どうぞ、ご遠慮なく。
> A: お金を使わせてしまって。本当に恐縮です。

16
● 久しぶりに会った人に
好久不见了。
Hǎo jiǔ bú jiàn le. ［ハオ ヂィウ ブー ヂィエン ラ］

17
● 相手を気づかう
你身体好吗？
Nǐ shēn tǐ hǎo ma? ［ニー シェン ティー ハオ マ］

18
● 判断を任せる
你看着办吧。
Nǐ kàn zhe bàn ba. ［ニー カン ヂァ バン バ］

19
● 理由・背景を知ったとき
原来是这样。
Yuán lái shì zhèi yang. ［ユアン ライ シー ヂェイ ヤン］

20
● 非常に困っている
让人伤脑筋。
Ràng rén shāng nǎo jīn. ［ラン レン シァン ナオ ヂン］

5字フレーズ BEST 80

▶▶ お久しぶりです。

解説 長い間会っていなかった友人と再会したときのあいさつです。文字通り「長い間会っていない」という表現です。最後の「了」はあってもなくても、意味は変わりません。

▶▶ お元気でしょうか。

解説 しばらくぶりに会った友人に使う最も一般的なあいさつです。「好久不见了。你身体好吗?」が定番です。返事の言葉は「谢谢,我很好。你呢? Xiè xie, wǒ hěn hǎo. Nǐ ne?」(ありがとう、私は元気です。あなたは?)

▶▶ あなたの判断に従います。

解説 「どうすればいい?」と聞かれて、「あなたが決めて、それを実行すればいいですよ」と返したいときに使います。つまり、「すべてをあなたに任せる」という意味です。「你决定吧。Nǐ jué dìng ba.」とも言います。

▶▶ そういうことだったのか。

解説 自分が知らなかった理由を教えられて、「そういうことだったのか」と言いたいときのひと言です。「这样 zhèi yang」はやや強めに発音しましょう。

▶▶ 本当に困りましたね。

解説 人の言動によって自分がひどく困っていて、文字通りには「まるで脳が傷ついてしまったかのようだ」という意味を表します。フレーズの前に「真」を付けるとよりリアルになります。

21
● 恐縮する
真过意不去。
Zhēn guò yi bu qù. ［ヂェン グゥオ イー ブー チュイ］

22
● 初対面の人に
请多多指教。
Qǐng duō duō zhǐ jiào. ［チィン ドゥオ ドゥオ ヂー ディアオ］

23
● 大目に見てほしい
请多多包涵。
Qǐng duō duō bāo hán. ［チィン ドゥオ ドゥオ バオ ハン］

24
● みんなに感謝する
托大家的福。
Tuō dà jiā de fú. ［トゥオ ダー ディア ダ フゥー］

25
● すぐに食べたい
肚子饿扁了。
Dù zi è biǎn le. ［ドゥー ヅ エー ビィエン ラ］

5字フレーズ BEST 80

▶▶ 本当に申し訳なく思います。

解説 相手の尽力に対して心からの感謝と申し訳ない気持ちを表したいときに使います。「您特意来，真过意不去。Nín tè yì lái, zhēn guò yi bu qù.」(わざわざお越しいただき、本当に申し訳なく思います)

▶▶ ご指導をよろしくお願いいたします。

解説 社交辞令としてよく使います。「初次见面，请多多指教。」は初対面のあいさつの定番です。「请多指教。」とも言います。どちらも丁寧のレベルに差はありません。

▶▶ ご容赦願います。

解説 「包涵」は「大目に見る、よしとする」という意味で、「自分のミスや至らなさを許してほしい」とお願いする意味で使います。「请」の後に「您」を付けることもできます。目下の人が目上の人に使うのが普通です。

▶▶ みなさんのおかげです。

解説 日本語では「おかげさまで」とだけ言って、具体的に「誰のおかげなのか」は明示しませんが、中国語でははっきり言わないといけません。「托＋人＋的福」という形です。「托你的福」なら「あなたのおかげです」。

▶▶ お腹がぺこぺこだ。

解説 空腹であることを強調する表現です。「扁」は「凹んだ、ぺったんこ」という意味で、「お腹が空いて、ぺったんこになった」となるわけです。「饿死我了。È sǐ wǒ le.」(腹が減って死にそうだ) とも言います。

BEST 26-30

26
● つなぎ言葉

怎么说好呢？

Zěn me shuō hǎo ne? [ヅェン マ シゥオ ハオ ナ]

27
● 話題を変える

换个话题吧。

Huàn ge huà tí ba. [ホゥアン ガ ホゥア ティー バ]

28
● 人を待たせてしまった

让您久等了。

Ràng nín jiǔ děng le. [ラン ニィン ヂィウ デン ラ]

29
● 助けた人からお礼を言われて

这是应该的。

Zhèi shì yīng gāi de. [ヂェイ シー イン ガイ ダ]

30
● 失望した

真让人失望。

Zhēn ràng rén shī wàng. [ヂェン ラン レン シー ウアン]

5字フレーズ BEST 80

▶▶ どう言ったらいいのか。

解説 自分の考えや事情を説明する言葉がすぐに見つからないとき、あるいは言葉を選んでいるときに、時間稼ぎをするためのひと言です。

▶▶ 話題を変えましょう。

解説 一つの話題が煮詰まってしまって、別の話題にしようと切り出すときに使うひと言です。「咱们不谈这个了，换个话题吧。Zán men bù tán zhèi ge le, huàn ge huà tí ba.」(いまの話題をやめて、別の話題にしましょう)

▶▶ お待たせしました。

解説 待ち合わせた時間に遅れて、ようやく到着したときに相手にかけるお詫びの言葉です。応答の言葉は、「没关系。我也刚到。Méi guān xi. Wǒ yě gāng dào.」(大丈夫です。私もいま着いたところです)

▶▶ 当たり前のことをしただけです。

解説 たとえば、重い荷物を持って駅の階段を上がろうとしているお年寄りを見かけて、その荷物を運んであげて、お礼を言われたときに返すひと言です。「应该的。」とも言います。

▶▶ がっかりした。

解説 「失望させられました」という意味から「がっかりしました」となるわけです。誰が誰に失望させられたのかを明白にする場合、「你真让我失望。」(私はあなたに失望しました) と言います。

BEST 31-35

31 ● 発言をたしなめる
别出馊主意。
Bié chū sōu zhǔ yi. [ビエ チゥー ソウ ヂゥー イ]

---

32 ● 放言を止める
别信口开河。
Bié xìn kǒu kāi hé. [ビエ シィン コウ カイ ハー]

---

33 ● 慰める
别往心里去。
Bié wǎng xīn li qù. [ビエ ウアン シィン リ チュイ]

---

34 ● 相手を落ち着かせる
你急也没用。
Nǐ jí yě méi yòng. [ニー ヂー イエ メイ イヨン]

---

35 ● 相手の自信を確認する
你有把握吗？
Nǐ yǒu bǎ wò ma? [ニー イオウ バー ウオ マ]

5字フレーズ BEST 80

▶▶ ばかなことを言わないで。

解説 「馊」は「暑さのために食べ物が酸っぱくなる」という意味で、「主意」は「考え、主張」などを指します。つまり「馊主意」はつまらない知恵や愚かな主張という意味です。訳のわからないことを言う人に対して使います。

▶▶ 無責任なことを言わないで。

解説 相手が無責任なことやいい加減なことを言っているときに、それを止めさせるためのひと言です。「信」をやや強めに発音しましょう。フレーズの前に主語を付けてもいいです。

▶▶ 気にしないで。

解説 落ち込んでいる人を慰めるときに使うひと言です。出番の多いフレーズなので、必要なときにすぐ出てくるように練習しておきましょう。

▶▶ まあ、落ち着きなさい。

解説 「あなたが焦ってもしようがない」という意味から、「まあ、落ち着きなさい」「少し冷静になってください」という意味になるわけです。口調が大事で、ぶっきらぼうに聞こえないように、やさしく言いましょう。

▶▶ 自信がありますか。

解説 「把握」は動詞としても名詞としても使います。動詞の場合には日本語の「把握する」と同じ意味で、名詞の場合には「自信」という意味があります。「我有把握。」(自信がある)、「我没有把握。」(自信がない)

BEST 36-40

36
● 真偽を確認する
你敢肯定吗？
Nǐ gǎn kěn dìng ma? ［ニー ガン ケン ディン マ］

37
● 意見・意志を聞く
你的意思呢？
Nǐ de yì si ne? ［ニー ダ イー ス ナ］

38
● 自信を持たせる
你一定能行。
Nǐ yí dìng néng xíng. ［ニー イー ディン ネン シィン］

39
● 普段と様子が違う
出什么事了？
Chū shén me shì le? ［チゥー シェン マ シー ラ］

40
● 経緯・理由を聞く
到底为什么？
Dào dǐ wèi shén me? ［ダオ ディー ウエイ シェン マ］

▶▶ 断言できますか。

解説 たとえば、ライバル社が近々新商品を発売するという情報について報告を受けたとき、「それは本当か」「間違いないのか」と真偽を確認するのに使うひと言です。

▶▶ あなたはどう思いますか。

解説 「意思」は「考え、意図」という意味で、相手の意見や見解などを聞きたいときのひと言です。「あなたはどのように考えていますか」「あなたの意見を聞かせてください」という意味です。

▶▶ あなたならきっと大丈夫。

解説 これから何かに挑戦したいけれど、あまり自信を持てない人に対して、「もっと自信を持ってください」「もっと自分を信じてください」「あなたなら大丈夫ですよ」と励ますひと言です。

▶▶ 何があったの？

解説 たとえば、朝出勤して、職場に着いたら普段と違う様子なので、「何があったの？」とか「何が起こったの？」と聞くひと言です。「怎么了？Zěn me le?」とも言います。

▶▶ いったい何事なの？

解説 「一体どうしたの？」とか「なぜこんなことになってしまったの？」と、結果に至るまでの経緯や理由などを聞きたいときのひと言です。「为什么」は「なぜ」という意味ですが、「到底」を付けると、意味が少し強くなります。

BEST 41-45

---

41 ● 安否を気づかう
你没事儿吧？
Nǐ méi shìr ba? ［ニー メイ シャール バ］

---

42 ● 知っているか聞く
你听说了吗？
Nǐ tīng shuō le ma? ［ニー ティン シゥオ ラ マ］

---

43 ● 軽いあいさつ
你干什么呢？
Nǐ gàn shén me ne? ［ニー ガン シェン マ ナ］

---

44 ● 人の幸運を喜ぶ
你真有福气。
Nǐ zhēn yǒu fú qi. ［ニー ヂェン イオウ フゥー チ］

---

45 ● 相手をたしなめる
你骗我呢吧？
Nǐ piàn wǒ ne ba? ［ニー ピィエン ウオ ナ バ］

5字フレーズ BEST 80

▶▶ 大丈夫ですか。

解説　事故や自然災害が起こったときに、電話などで「大丈夫ですか」とか「けがをしていませんか」と相手を気づかう表現です。返事は「没事儿。擦破点儿皮。Méi shìr. Cā pò diǎnr pí.」（大丈夫です。擦り傷程度です）などとなります。

▶▶ 噂を聞きましたか。

解説　いま話題になっている情報を耳にしたかどうかを確かめるひと言です。「我听说了。」（聞きました）を否定形にすると「我没有听说。」（聞いていません）と、「了」がなくなることに注意してください。

▶▶ いま何をしているの？

解説　たとえば、親しい友人に電話をしたとき、あるいは近所の人の家にお邪魔したときにあいさつ代わりに言うひと言です。相手が実際に何をしているかを聞くのが目的ではなく、あいさつの言葉として使うことができます。

▶▶ あなたは運がありますね。

解説　「有福气」は「ついている、何をやってもうまくいく」という意味で、その反対は「没有福气」（ついていない）です。「你」を第三者に変えて使えます。

▶▶ からかっているのでしょう？

解説　「骗」は「騙す、からかう」という意味で、やさしい口調で言うと、「あなたは私をからかっているのでしょう？」「私に嘘をついているのでしょう？」という意味で、怒った口調で言うと、「騙しているね」という意味になります。

BEST 46-50

46
● 自力でがんばる

我自己能行。
Wǒ zì jǐ néng xíng. ［ウオ ヅー ヂー ネン シィン］

47
● 支援できないとき

我帮不了你。
Wǒ bāng bu liǎo nǐ. ［ウオ バン ブ リィアオ ニー］

48
● 誤解がわかって

我误会你了。
Wǒ wù huì nǐ le. ［ウオ ウー ホゥイ ニー ラ］

49
● 自業自得の相手に

我说对了吧。
Wǒ shuō duì le ba. ［ウオ シゥオ ドゥイ ラ バ］

50
● 信じられない話に

我才不信呢。
Wǒ cái bú xìn ne. ［ウオ ツァイ ブー シィン ナ］

5字フレーズ BEST 80

▶▶ 私一人で大丈夫です。

解説 あくまでも自力で何とかしたいと決めて、周りの助けや支援を断るときのひと言です。フレーズの前に笑顔で「谢谢」を付けておけば、相手の顔も立ちます。

▶▶ お力になれません。

解説 困っている相手を助けてあげたい気持ちはあっても、「自分の力不足で役に立たない」「状況的に力になれない」と伝えるときのひと言です。フレーズの前に「对不起」を付けるといいでしょう。

▶▶ あなたを誤解していました。

解説 相手を誤解していたことがわかったときに、お詫びするひと言です。謝る言葉を付け加えるとより誠意が伝わるでしょう。「我」と「你」を第三者に変えて使えます。「你误会他了。Nǐ wù huì tā le.」(あなたは彼のことを誤解しましたよ)

▶▶ 私の言った通りでしょう。

解説 アドバイスをしたのに、相手がそれを受け入れなかった結果、大変なことになったときに、「ほらね」「だから、言ったでしょう」「私の言った通りでしょう」の意味で使います。

▶▶ 信じられないよ。

解説 「信」は「信じる、信用する」という意味で、「不信」はその否定です。「才」を付け加えると、程度を強調することになります。「到底信じられない」とか「どうしても信じられない」という意味です。

BEST 51-55

51
● 拒否する
我无法接受。
Wǒ wú fǎ jiē shòu. ［ウオ ウー ファー ヂィエ シォウ］

52
● 感想を聞く
中你的意吗？
Zhòng nǐ de yì ma? ［ヂォン ニー ダ イー マ］

53
● 有言実行を求める
说话要算数。
Shuō huà yào suàn shù. ［シゥオ ホゥア ヤオ スゥアン シュー］

54
● 思い出した
我想起来了。
Wǒ xiǎng qǐ lái le. ［ウオ シィアン チー ライ ラ］

55
● 経緯がわからない
我弄不明白。
Wǒ nòng bu míng bai. ［ウオ ノゥン ブ ミィン バイ］

5字フレーズ BEST 80

▶▶ 到底受け入れられない。

解説 自分の許容範囲を超える提案を拒否するときに使う表現です。「无法＋動詞」は「～をすることができない」という意味です。「这个价格，我无法接受。Zhèi ge jià gé, wǒ wú fǎ jiē shòu.」（この価格は私には受け入れられません）

▶▶ 気に入りましたか。

解説 「中意」は「好きだ、気に入る」という意味で、「好きになりましたか」とか「気に入りましたか」という意味になります。「中＋人＋的意」という形で使うことが多いです。「中我的意。」（気に入ったよ）。「中」の声調に注意してください。

▶▶ 約束は守らないと。

解説 「算数」は算数のことではなく、「確認する、有効と認める」という意味で、「自分の言ったことを認めないといけない」とか「約束を守らないといけない」という意味を表すひと言です。

▶▶ 思い出しました。

解説 忘れていたことを突然思い出して、「そうだ、思い出した」と言うときのひと言です。「我想不起来。Wǒ xiǎng bu qǐ lái.」で「思い出せません」となります。

▶▶ 理解しがたいですね。

解説 物事がどうしてこのような結果になったのか、その経緯が理解できないときのひと言です。「我弄不明白，这是怎么一回事？ Wǒ nòng bu míng bai, zhèi shì zěn me yì huí shì?」（これは一体どういうことなのか、よくわかりません）

BEST 56-60

56 ● 話をまとめる
就这么着吧。
Jiù zhè me zhe ba. ［ヂィウ ヂァー マ ヂァ バ］

57 ● 意気込みを語る
尽最大努力。
Jìn zuì dà nǔ lì. ［ヂン ヅゥイ ダー ヌゥー リー］

58 ● からかわれて
开什么玩笑。
Kāi shén me wán xiào. ［カイ シェン マ ウアン シィアオ］

59 ● ネガティブな評価
真不怎么样。
Zhēn bu zěn me yàng. ［ヂェン ブ ヅェン マ ヤン］

60 ● 安堵の気持ち
总算放心了。
Zǒng suàn fàng xīn le. ［ヅォン スゥアン ファン シィン ラ］

▶▶ こういうことにしましょう。

解説 話し合いをしていて、結論に達したとき、「よし、この方法で行きましょう」とか「よし、こういうことにしましょう」という意味で、話をまとめるのに使います。

▶▶ 最善を尽くします。

解説 日本語で「最善を尽くす」という表現は、中国語では「最大の努力を尽くす」と言います。「我一定尽最大努力。Wǒ yí dìng jìn zuì dà nǔ lì.」(必ず最善を尽くします)

▶▶ 冗談はやめて！

解説 軽くからかわれたとき、「やめてよ！」とか「冗談はよせよ！」と返すひと言です。強い口調で言うと、「冗談じゃないよ！」という怒りを表せます。

▶▶ 本当にいまひとつですね。

解説 たとえば、テレビで紹介されたレストランに行って、その料理にがっかりして、「なんだ、この程度か」とか「本当にイマイチだね」というような感想を述べるときのひと言です。

▶▶ やっと安心しました。

解説 ようやく安心できる状況になったとき、安堵の気持ちで「やれやれ！」とか「これで大丈夫だ」とか「これで安心できる」という気持ちを表すひと言です。主語を付けることもできます。

BEST 61-65

61
● 悪い結果を予測する
恐怕是这样。
Kǒng pà shì zhèi yang. [クゥン パー シー チェイ ヤン]

62
● 落ち着くように促す
着什么急呀！
Zháo shén me jí ya! [チャオ シェン マ ヂー ヤ]

63
● 確信を表明する
确实是这样。
Què shí shì zhèi yang. [チュエ シー シー チェイ ヤン]

64
● 予測が的中した
我早就说过。
Wǒ zǎo jiù shuō guo. [ウオ ヅァオ ヂィウ シゥオ グゥオ]

65
● すべて言ってほしい
有话尽管说。
Yǒu huà jǐn guǎn shuō. [イオウ ホゥア ヂン グゥアン シゥオ]

5字フレーズ BEST 80

▶▶ おそらくそうなるでしょう。

解説 自分にとって望ましくない結果を、「その通りになってしまうかもしれない」と予測する表現です。最後に「吧 ba」を付けることもできます。

▶▶ 焦らないでください。

解説 「着急」は「焦る、イライラする」という意味です。焦っている人に落ち着くように促すひと言です。「别急。Bié jí。」または「别着急。Bié zháo jí。」とも言います。

▶▶ 間違いありません。

解説 「それは本当ですか」「間違いありませんか」と聞かれて、「それは本当です」「それは間違いありません」と確信を示す返事です。「没错。Méi cuò。」とも言います。

▶▶ 言った通りでしょう。

解説 物事が自分が以前に言った通りになったとき、「ほら、前に言った通りでしょう」と言うひと言です。「我不是早就说过吗？Wǒ bú shì zǎo jiù shuō guo ma?」とも言います。

▶▶ 言いたいことがあったら遠慮なく言ってください。

解説 「言いたいことがあったら何でも言ってごらん」「遠慮なく全部話していいですよ」と、相手に話を促すひと言です。最後に「吧」を付けることもできます。

BEST 66-70

66 ● 話をやめさせる

少说几句吧。
Shǎo shuō jǐ jù ba. ［シィアオ シゥオ ヂー ヂュイ バ］

---

67 ● 我に返るよう促す

发什么呆呢?
Fā shén me dāi ne? ［ファー シェン マ ダイ ナ］

---

68 ● 悔しがる

心里真窝囊。
Xīn li zhēn wō nang. ［シィン リ ヂェン ウオ ナン］

---

69 ● 自分との関係を否定する

跟我没关系。
Gēn wǒ méi guān xi. ［ゲン ウオ メイ グゥアン シ］

---

70 ● 干渉を拒否する

跟你没关系。
Gēn nǐ méi guān xi. ［ゲン ニー メイ グゥアン シ］

5字フレーズ BEST 80

▶▶ **もうそのくらいにしたら？**

解説　たとえば、愚痴や文句、不満などを延々と言い続ける人に、「いい加減にしなさい」「そのくらいにしたら？」「もう止めなさい」と忠告する表現です。「有完没完？」とも言います。

▶▶ **何をぼうっとしているの？**

解説　「发呆」は「ぼんやりする」という意味で、ぼうっとしている人に対して我に返るように促すひと言です。「别发呆了。Bié fā dāi le.」とも言います。

▶▶ **本当に悔しい。**

解説　「窝囊」は「悔しい、くさくさする」という意味です。「窝囊极了。Wō nang jí le.」とも言います。

▶▶ **関係ないよ。**

解説　責任を追及されるのを避けるために、その事柄と自分とのかかわりを否定したいときのひと言です。「跟我有什么关系。」とも言います。「我」を第三者に変えて使えます。

▶▶ **あなたには関係ないですよ。**

解説　よけいな干渉や口出しをしてくる人に対して、「あなたには関係ない」と宣告するひと言です。言い方がきつくならないように、気をつけて使いましょう。

BEST 71-75

71
● 迷っている心境

下不了决心。
Xià bu liǎo jué xīn. ［シィア ブ リィアオ ヂュエ シィン］

72
● 確認する

听明白了吗？
Tīng míng bai le ma? ［ティン ミィン バイ ラ マ］

73
● お酒の誘い

去喝一杯吧。
Qù hē yì bēi ba. ［チュイ ハー イー ベイ バ］

74
● 繰り返してほしい

请再说一遍。
Qǐng zài shuō yí biàn. ［チン ヅァイ シゥオ イー ビィエン］

75
● ゆっくり話してほしい

请慢点儿说。
Qǐng màn diǎnr shuō. ［チン マン ディアル シゥオ］

▶▶ 決められないよ。

解説　たとえば、選択を求められて、「ああでもない、こうでもない」となかなか決められないときのひと言です。「怎么也下不了决心。Zěn me yě xià bu liǎo jué xīn.」とも言います。

▶▶ わかった？

解説　相手にいろいろと言った後に、果たして理解してもらえたのかどうか、確認したり、念を押したりするためのひと言です。自分の話の最後に付け加えます。

▶▶ 飲みに行こうか。

解説　相手をお酒に誘うひと言です。「酒」の文字がないですが、「お酒を飲みに行く」というときだけに使います。「怎么样，去喝一杯吧。」(どうだ、一杯やらないか)とも言います。お茶の誘いには使いません。

▶▶ もう一度言ってもらえませんか。

解説　相手にいま言ったことをもう一度繰り返すようにお願いするひと言です。「再」は下げ調子で、「再说」をやや強めに発音しましょう。目上の人には「请您再说一遍。」と言いましょう。

▶▶ 少しゆっくり話してもらえませんか。

解説　相手にゆっくり話してくれるようにお願いするときのひと言です。「慢点儿」をやや強めに発音しましょう。目上の人には「请您慢点儿说。」と言いましょう。

BEST 76-80

76 ● 仕事が終わった
总算干完了。
Zǒng suàn gàn wán le. ［ヅォン スゥアン ガン ウアン ラ］

77 ● 口先ばかりの人に
光说好听的。
Guāng shuō hǎo tīng de. ［グゥアン シゥオ ハオ ティン ダ］

78 ● 相手の言動を責める
你怎么搞的。
Nǐ zěn me gǎo de. ［ニー ヅェン マ ガオ ダ］

79 ● 手間が省けた
你来得正好。
Nǐ lái de zhèng hǎo. ［ニー ライ ダ ヂェン ハオ］

80 ● 大げさに話す人に
别夸大其词。
Bié kuā dà qí cí. ［ビエ クゥア ダー チー ツー］

5字フレーズ BEST 80

▶▶ やっと終わりました。

解説 締め切りに追われた仕事や、面倒な作業などがようやく終わったとき、「やっと終わりましたよ」とか「やれやれ」というホッとした気持ちを表すひと言です。

▶▶ 受けのいいことばかりを言って。

解説 「好听的」は「音や響きがきれい」という意味で、そのようなことばかり言うという意味から、「聞こえのいいことばかり言う」となるわけです。「聞こえのいいことばかりを言わないでください」という意味です。

▶▶ バカじゃないの？

解説 相手の言動が悪い結果を招いたとき、その人を責めるひと言です。「とんでもないことをしてくれたね」という意味です。「搞」は強めに言ってください。

▶▶ うまい具合に来ましたね。

解説 たとえば、用事があってたずねなければならない人が、たまたま向こうからやって来た。「自分の手間が省けてラッキーだ」という気持ちを表します。「真巧。」とも言います。

▶▶ 大げさなことを言わないで！

解説 物事を実際以上、または必要以上に大きく言う人をたしなめるひと言です。「实话实说，别夸大其词。Shí huà shí shuō, bié kuā dà qí cí.」（事実をありのままに話してください）

発音のまとめ

1 声調 4種類 + 軽声

声調とは、音の上がり下がりで、日本語のイントネーションのようなものです。声調は棒線で表します。声調は第一声から第四声まで4つと軽声があります。子音が先で、母音が後、そして、声調は母音の上に表記されます。

第一声 mā

上げ下げはなく、高くまっすぐ伸ばします。

第二声 má

低いほうから高いほうに上げます。
日本語の「ええ?」とイメージをすればいいでしょう。

第三声 mǎ

最初から低く抑え気味に発音し、決して上げようとしないこと。
最初から最後まで低く抑えるのがポイントです。

第四声 mà

最初からストンと下げるように発音します。
カラスの鳴き声をイメージしてください。

軽声 ma

声調のない音で、軽く発音すれば大丈夫です。

2 単母音 7種類

母音だけから成る単母音が6つと、「そり舌音」のerを加えて、ぜんぶで7つあります。

❶ 喉の奥を意識して、日本語の「あ」と同じように発音します。

a

❷ 基本的に日本語の「お」の発音ですが、やや口を突き出して発音します。

o

❸ 無意識に空けた口の形で、喉の奥から発声します。舌をそらせないこと。

e

❹ 日本語の「い」と同じ要領で発音します。

i

❺ 口の形は日本語の「ふ」と同じで、口の先の部分から日本語の「う」と発音します。

u

❻ 舌先を下の歯の裏につけ、口笛を吹くときの口の形をして、唇に力を入れて発音します。

ü

❼ 舌をそって、後ろに引きながら発音します。

er

3 子音 21種類

子音は全部で21個あります。無気音、有気音、その他の音があります。無気音と有気音は空気を出すか出さないかの違いです。無気音は音を強めに出します。有気音は空気を音より一瞬先に出します。日本語の「ga」(無気音)と「ka」(有気音)の違いをイメージしてみましょう。

＊発音はカッコの母音と組み合わせて練習します。

無気音	有気音	その他の音

❶ 唇をしっかり閉じた状態から発音します。

b(o)	p(o)	m(o)

❷ 上の歯を自然な感じで下の唇の内側に触れるようにして発音します。

	f(o)	

❸ 舌先を軽く上の歯の裏につけた状態から発音します。

d(e)	t(e)	n(e)　l(e)

❹ 喉の奥から発音します。hはやさしく、そっと発音します。

g(e)	k(e)	h(e)

❺ 舌先にやや力を入れて、jは「ジー」、qは「チー」、xは「シー」と日本語と同じ要領で発音します。

j(i)	q(i)	x(i)

❻ zhとchの発音の要領は同じです。舌先を上の歯の裏よりやや奥に当てる状態から発音します。声を先に出すのはzh、空気を先に出すのはch。shは舌先がどこにも触れず、口の先から空気を出します。rは舌先を少し上に向かせ、どこにも当たらない状態から発音します。

zh(i)	ch(i)	sh(i)　r(i)

❼ 3つとも舌をやや左右に引き、上下の歯の隙間があるかないかの状態で、その隙間から音を押し出すように発音します。

z(i)	c(i)	s(i)

4 複合母音　13種類

単母音と単母音の組み合わせでできています。続けてなめらかに発音するのがコツです。

❶ 最初の母音は強く、はっきりと、後の母音はやや軽く発音します。

ai　　ei　　ao　　ou

❷ 最初の母音は弱く軽く、後の母音は強くはっきり発音します。

ia　　ie　　ua　　uo　　üe
(ya)　(ye)　(wa)　(wo)　(yue)

❸ 3つの母音を自然になめらかに発音します。

iao　　iou　　uai　　uei
(yao)　(you)　(wai)　(wei)

＊(　)内はピンインのつづりです。

5 鼻母音 16種類

鼻母音はぜんぶで 16 個あり、2 系列に分かれています。「n」で終わる鼻母音と「ng」で終わる鼻母音があります。

❶「n」で終わる鼻母音

舌先を上の歯の裏に付けて終え、発音を伸ばさないようにします。

an　　　en　　　in　　　ian
　　　　　　　　(yin)　(yan)

uan　　uen　　üan　　ün
(wan)　(wen)　(yuan)　(yun)

❷「ng」で終わる鼻母音

舌は自然な形でどこにも付きません。喉の奥から鼻のほうに音を響かせるイメージで発音します。

ang　　eng　　ong　　ing
　　　　　　　　　　　(ying)

iang　　iong　　uang　　ueng
(yang)　(yong)　(wang)　(weng)

＊(　) 内はピンインのつづりです。

中国語さくいん

超ミニフレーズをピンイン順に並べたさくいんです。フレーズの検索や覚えたかどうかの確認にご利用ください。

A

啊。·······················24
哎。·······················18
哎呀。·····················64

B

白头偕老。···············170
拜托你了。···············134
帮个忙。··················120
保持联系。···············176
保险起见。···············140
抱歉。·····················30
比如。·····················54
别出馊主意。············218
别当真。··················110
别挂。·····················66
别管我。··················110
别害羞。··················112
别灰心。··················114
别见外。··················114
别紧张。··················106

别客气。··················100
别夸大其词。············236
别往心里去。············218
别忘了。··················114
别信口开河。············218
别张罗了。···············176
别着急。···················96
别找借口。···············172
别装傻。··················118
不错。·····················56
不敢当。··················120
不见不散。···············166
不靠谱。··················108
不可能。···················74
不太清楚。···············142
不谢。·····················48

C

差不多。··················104
吃好了。··················104
吃了吗？·················102

出什么事了？ ……………… 220
吹了。 ……………… 58

D
打搅一下。 ……………… 154
打起精神来！ ……………… 196
打听一下。 ……………… 178
大概。 ……………… 54
当然可以。 ……………… 128
当然了。 ……………… 76
到底为什么？ ……………… 220
都几点了。 ……………… 158
肚子饿扁了。 ……………… 214
对。 ……………… 16
对不起。 ……………… 100
对了。 ……………… 66
多保重。 ……………… 100
多谢。 ……………… 48

E
欸。 ……………… 24

F
发什么呆呢？ ……………… 232
反对。 ……………… 52
放心吧。 ……………… 108
非常感谢。 ……………… 124

G
干杯！ ……………… 36
干了吧。 ……………… 118
赶上了。 ……………… 120
感动极了。 ……………… 170
各付各的。 ……………… 164
给你。 ……………… 58
跟你没关系。 ……………… 232
跟我没关系。 ……………… 232
恭喜发财！ ……………… 168
恭喜你。 ……………… 70
光说好听的。 ……………… 236

H
咳。 ……………… 22
还行。 ……………… 38
好。 ……………… 24
好吧。 ……………… 50
好久不见了。 ……………… 212
好样儿的。 ……………… 160
好主意。 ……………… 116
欢迎。 ……………… 52
欢迎光临！ ……………… 168
还好。 ……………… 62
换个话题吧。 ……………… 216
回头见。 ……………… 100

活该。……………………54

J

机会难得。…………………174
激动极了。………………170
继续努力。………………172
继续说。…………………108
加油！……………………44
交给我吧。………………152
尽最大努力。……………228
久仰大名。………………174
就这么着吧。……………228
举双手赞成。……………198

K

开什么玩笑。……………228
看车。……………………60
看情况。…………………106
可以。……………………50
可以了。…………………108
空着手来。………………166
恐怕不会的。……………188
恐怕是这样。……………230
快点儿！…………………120

L

劳驾。……………………60
老样子。…………………106

累死我了。………………172
里面请。…………………114

M

马马虎虎。………………158
买单。……………………56
慢点儿。…………………120
慢走。……………………60
没错吗？…………………112
没关系。…………………100
没问题。…………………72

N

哪儿错了？………………166
那到也是。………………148
难怪。……………………40
难说。……………………54
嗯。………………………20
你猜对了。………………160
你的意思呢？……………220
你干什么呢？……………222
你敢肯定吗？……………220
你搞错了。………………162
你好。……………………48
你急也没用。……………218
你决定吧。………………156
你看着办吧。……………212

245

你来得正好。 ……………… 236
你没事儿吧？ ……………… 222
你呢？ ……………………… 56
你骗我呢吧？ ……………… 222
你身体好吗？ ……………… 212
你说得对。 ………………… 132
你说呢？ …………………… 106
你太客气了。 ……………… 190
你听说了吗？ ……………… 222
你要哪儿？ ………………… 178
你一定能行。 ……………… 220
你有把握吗？ ……………… 218
你怎么搞的。 ……………… 236
你怎么看？ ………………… 176
你真有福气。 ……………… 222
你真走运。 ………………… 158
您过奖了。 ………………… 154
您好。 ………………………… 48
您请。 ………………………… 50
您先请。 …………………… 104

O

噢。 …………………………… 24

P

漂亮！ ………………………… 66

Q

气死我了。 ………………… 162
茄子！ ………………………… 56
亲爱的。 …………………… 118
请。 …………………………… 14
请等一下。 ………………… 154
请多多包涵。 ……………… 214
请多多指教。 ……………… 214
请进。 ………………………… 50
请留步。 …………………… 116
请慢点儿说。 ……………… 234
请让一下。 ………………… 164
请稍等。 …………………… 102
请问。 ………………………… 62
请用餐。 …………………… 104
请再说一遍。 ……………… 234
请坐。 ………………………… 50
求求你。 …………………… 116
去喝一杯吧。 ……………… 234
确实是这样。 ……………… 230

R

让您费心了。 ……………… 204
让您久等了。 ……………… 216
让您破费了。 ……………… 210
让人伤脑筋。 ……………… 212

认什么真呀。………………… 192

s

少说几句吧。………………… 232
生日快乐！…………………… 168
失陪了。……………………… 118
收拾起来。…………………… 172
耍嘴皮子。…………………… 164
谁知道！……………………… 104
顺利的话。…………………… 138
说好了。……………………… 92
说话要算数。………………… 226
说正经的。…………………… 162
算了。………………………… 64
随便。………………………… 52
随便用。……………………… 114
随时奉陪。…………………… 168

t

太不像话了！………………… 200
太高兴了！…………………… 154
太好了。……………………… 84
太遗憾了。…………………… 154
天塌不下来。………………… 194
听明白了吗？………………… 234
听你的。……………………… 90
听说。………………………… 64

同意。………………………… 52
托大家的福。………………… 214

w

为什么？……………………… 86
未必。………………………… 58
我帮不了你。………………… 224
我才不信呢。………………… 224
我插一句。…………………… 174
我答应你。…………………… 144
我该走了。…………………… 158
我回来了。…………………… 160
我看。………………………… 54
我来。………………………… 58
我马上就来。………………… 182
我没情绪！…………………… 150
我弄不明白。………………… 226
我请客。……………………… 106
我说对了吧。………………… 224
我脱不开身。………………… 202
我无法接受。………………… 226
我误会你了。………………… 224
我先走了。…………………… 158
我相信你。…………………… 160
我想起来了。………………… 226
我早就说过。………………… 230

我自己能行。	224	一猜就是。	160
无所谓。	112	一共。	64

X

希望很大。	146	一路顺风。	166
下不了决心。	234	一言为定。	166
吓我一跳。	176	因人而异。	176
先生。	62	有道理。	112
现在方便吗?	208	有话尽管说。	230
想开点儿。	164	有事儿吗?	178
小心点儿。	130	有完没完。	156
小心脚下。	170	原来如此。	156
小意思。	98	原来是这样。	212
笑什么?	110		
谢谢。	28		

Z

心里真窝囊。	232	再见。	48
辛苦了。	102	再说吧。	110
新年好!	102	赞成。	52
新年快乐。	168	糟了!	42
行。	24	早生贵子。	170
行了。	64	怎么都行。	136

Y

		怎么可能。	156
言归正传。	174	怎么了?	82
要帮忙吗?	162	怎么说好呢?	216
也许。	60	怎么样?	80
一般。	62	着什么急呀!	230
		这是事实。	174
		这是应该的。	216

真棒！ ………………… 46
真不敢相信。 ………… 206
真不怎么样。 ………… 228
真带劲儿。 …………… 178
真的? ……………………34
真的吗? ………………… 102
真丢人！ ……………… 110
真烦人！ ……………… 118
真过意不去。 ………… 214
真火。 ……………………66
真精神！ ………………… 94
真可怜。 ……………… 108
真可惜！ …………………88
真酷！ ……………………32
真了不起。 …………… 156
真难为情。 …………… 126
真巧。 ……………………58
真缺德！ ……………… 116
真让人失望。 ………… 216
真帅！ ……………………56
真讨厌！ ……………… 112
真羡慕你。 …………… 172
真悬！ ……………………66
真有两下子。 ………… 186
正合适。 ……………… 116

正忙着呢。 …………… 164
知道了。 ……………… 78
值得。 …………………… 62
中你的意吗? ………… 226
祝你走运。 …………… 178
抓紧时间。 …………… 162
总算放心了。 ………… 228
总算干完了。 ………… 236
总之。 …………………… 60
最近怎么样? ………… 184

249

日本語さくいん

超ミニフレーズの日本語訳のさくいんです。フレーズの検索や〈日本語→中国語〉の確認にご利用ください。

あ

ああ。 …………………… 22, 25
相変わらずですよ。 ………… 107
明けましておめでとうございます！
　………………………… 103
空けましょう。 ……………… 119
足元に気をつけて。 ………… 171
焦らないで。 …………………… 96
焦らないでください。 ……… 231
あ、そうだ。 …………………… 67
頭にきた。 …………………… 163
当たり前のことをしただけです。
　………………………… 217
あなた。 ……………………… 119
あなたが決めてください。 90, 157
あなたならきっと大丈夫。 …… 221
あなたには関係ないですよ。 … 233
あなたの意見は？ …………… 107
あなたの判断に従います。 …… 213
あなたの間違いですね。 …… 163
あなたは運がありますね。 …… 223
あなたはどう思いますか。 …… 221
あなたはどうですか。 ………… 57
あなたを誤解していました。 … 225

あり得ない。 ………………… 157
ありがとうございます。 … 28, 49
あれ！ ………………………… 18

い

いい加減にしなさい。 ……… 157
言いたいことがあったら
　遠慮なく言ってください。 … 231
いいですね。 …………………… 84
いいですよ。 ……………… 51, 72
いいね。 ………………………… 25
いいよ。 ………………………… 25
言い訳はダメだよ。 ………… 173
いかがですか。 ………………… 80
いったい何事なの？ ………… 221
言った通りでしょう。 ……… 231
いつでもお供しますよ。 …… 169
いつまでもお幸せに。 ……… 171
いま大丈夫ですか。 ………… 208
いま手が離せないんです。 …… 165
いま何をしているの？ ……… 223
いらっしゃいませ！ ………… 169

う

受けのいいことばかり言って。
　………………………… 237

うざい！ …………………… 113
うまい具合に来ましたね。…… 237
うまくいけばね。 …………… 138
羨ましい。 …………………… 173
噂を聞きましたか。 ………… 223
うん。 …………………………… 20
運が良いですね。 …………… 159

え
ええっ！ ……………………… 65

お
美味しくいただきました。 …… 105
大げさなことを言わないで！ … 237
お金を使わせてしまって。 …… 210
お気づかいいただきまして。 … 204
お気をつけて。 …………61, 167
お元気でしょうか。 ………… 213
おごるよ。 …………………… 107
お先に失礼します。 ………… 159
お先にどうぞ。 ……………… 105
惜しい！ ……………………… 88
お邪魔します。 ……………… 155
お座りください。 ……………… 51
おそらくそうならないでしょう。
　………………………………… 188
おそらくそうなるでしょう。 … 231
恐れ入ります。 ……………… 121
お誕生日、おめでとうございます。
　………………………………… 169
お力になれません。 ………… 225

おっしゃる通りです。 ……… 132
お手伝いしましょうか。 ……… 163
お腹がぺこぺこだ。 ………… 215
お名前は存じ上げています。 … 175
お願い、この通りです。 ……… 117
お願いしますよ。 …………… 134
お入りください。 ………………51
お話し中失礼ですが。 ……… 175
お久しぶりです。 …………… 213
お待たせしました。 ………… 217
お見送りには及びません。 …… 117
おめでとうございます。 ……… 70
思い出しました。 …………… 227

か
片付けなさい！ ……………… 173
がっかりした。 ……………… 217
がっかりしないで。 ………… 115
カッコいい！ ………………32, 57
可能性は十分ありますよ。 …… 146
かまいませんよ。 …………… 101
からかっているのでしょう？ … 223
かわいそうに。 ……………… 109
関係ないよ。 ………………… 233
勘定してください。 ………… 57
乾杯！ ………………………… 36
がんばれ！ …………………… 44

き
聞くところによると。 ………… 65
気に入りましたか。 ………… 227

気にしないで。 ……… 111, 219
決められないよ。 ………………… 235
ぎりぎりだった！ ………………… 67
気をつけてください。 ………… 130
緊張しないで。 …………………… 107

く
くたくただよ。 …………………… 173
口先ばかり！ ……………………… 165
グッドタイミングだ。 …………… 59
くよくよしないで。 ……………… 165
車に気をつけて。 ………………… 61

け
けしからん！ …………… 117, 200
元気ですね！ ……………………… 94
元気を出して！ …………………… 196

こ
こういうことにしましょう。 … 229
幸運を祈ります。 ………………… 179
合計で。 …………………………… 65
ご苦労様。 ………………………… 103
心から感謝します。 ……………… 124
ご自愛ください。 ………………… 101
ご指導をよろしくお願いいたします。
　………………………………… 215
ごはん、食べた？ ………………… 103
ごめんなさい。 …………………… 30
ご容赦願います。 ………………… 215
これからもがんばって！ ……… 173
これは事実です。 ………………… 175

こんなチャンス、二度とないよ。
　………………………………… 175
こんにちは。 ……………………… 49

さ
最近いかがですか。 ……………… 184
最高の気分！ ……………………… 179
最善を尽くします。 ……………… 229
さようなら。 ……………………… 49
～さん。 …………………………… 63
賛成します。 ……………………… 53

し
次回にしましょう。 ……………… 111
時間を無駄にしないように。 … 163
自信がありますか。 ……………… 219
失礼いたします。 ………………… 119
少々お待ちください。 …………… 155
冗談はやめて！ …………………… 229
知らないよ！ ……………………… 105
信じられないよ。 ………………… 225
新年おめでとうございます。 … 169
心配しないで。 …………………… 109
信用しているよ。 ………………… 161

す
好きなように使って。 …………… 115
すぐ行きますよ。 ………………… 182
すごいよね。 ……………………… 161
すごく感激しました。 …………… 171
すごく感動しました。 …………… 171
少しお待ちください。 …………… 103

少しゆっくり話してもらえませんか。
　………………………………… 235
すばらしい！ ………… 46, 67
すみません。 ………………… 101
すみませんが。 ………………… 61

せ
絶好調ですね。 ………………… 67

そ
そういうことだったのか。
　…………………………157, 213
そうだろうなと思いました。 … 161
その気にならない！ ………… 150
そのまま切らずにお待ちください。
　………………………………… 67
それはいい考えだ。 ………… 117
それは残念ですね。 ………… 155
それは微妙ですね。 ………… 109
それもそうですね。 ………… 148
そろそろ失礼します。 ………… 159
そんな感じですね。 ………… 105
そんなばかな！ ………………… 74

た
大賛成です。 ………………… 198
たいしたことではないよ。 ……… 98
たいしたことにはならないですよ。
　………………………………… 194
大丈夫ですか。 ………………… 223
大丈夫ですよ。 ………………… 51
だいたい。 ……………………… 55

たいへんだ！ ………………… 42
だから、言ったでしょう。 ……… 55
ただいま。 …………………… 161
たとえば。 ……………………… 55
他人行儀はよしましょう。 …… 115
たぶんね。 ……………………… 61
断言できますか。 …………… 221

ち
ちょうどいいですよ。 ………… 117
ちょっとおたずねしますが。
　……………………………63, 179
ちょっと手伝って。 ………… 121

て
手が離せません。 …………… 202
手ぶらで来てください。 ……… 167

と
同意します。 …………………… 53
どういたしまして。 ………49, 101
どう言ったらいいのか。 ……… 217
どうしたの？ …………………… 82
どうしてですか。 ……………… 86
どうぞ ………………………14, 51
どうぞ、おかまいなく。 ……… 177
どうぞ中へ。 ………………… 115
どうぞ、召し上がってください。
　………………………………… 105
どう違うの？ ………………… 167
到底受け入れられない。 ……… 227
どうでもいいよ。 …………… 113

通していただけますか。 ……… 165
どおりで。 ……………………… 40
どちらでもいいです。 ………… 53
どちらでもいいですよ。 …… 136
どちらにご用でしょうか。 …… 179
どのようにお考えでしょうか。 177
とはかぎりません。 …………… 59
とぼけないで。 ………………… 119
とんでもありません。 ………… 190

な
なかなかのものですね。 ……… 57
なかなかやるじゃない。 …… 186
なかなかやるね。 ……………… 157
情けない！ …………………… 111
何があったの？ ……………… 221
何かご用でしょうか。 ……… 179
何笑っているの？ …………… 111
何をぼうっとしているの？ …… 233
なるほど。 ……………………… 113
何時だと思っているの。 …… 159
何とも言えない。 ……………… 55

ね
値段に見合っている。 ………… 63
念のために。 ………………… 140

の
飲みに行こうか。 ……………… 235

は
はい。 ……………………… 16, 25
はい、チーズ。 ………………… 57

はい、どうぞ。 ………………… 59
バカじゃないの？ …………… 237
ばかなことを言わないで。 …… 219
恥ずかしがらないで。 ……… 113
話をつけました。 ……………… 92
話を続けて。 ………………… 109
早く！ ………………………… 121
早く子宝に恵まれますように。 171
反対します。 …………………… 53

ひ
びっくりした！ ……………… 177
人によります。 ……………… 177

ほ
ほおっておいて。 …………… 111
褒めすぎですよ。 …………… 155
本題に戻りましょう。 ……… 175
本当ですか。 ……………34, 103
本当にいまひとつですね。 …… 229
本当に嬉しい！ ……………… 155
本当に悔しい。 ……………… 233
本当に困りましたね。 ……… 213
本当に信じられません。 …… 206
本当に恥ずかしいですよ。 …… 126
本当に申し訳なく思います。 … 215

ま
まあ、落ち着きなさい。 …… 219
まあまあです。 …………38, 159
まあまあですね。 ……………… 63
まあまあ、普通ですね。 ……… 63

真面目な話ですが。……………163
また会いましょう。……………101
間違いありません。……………231
間違いない？………………………113
間に合いました。………………121

み
みなさんのおかげです。………215

む
むきになるなよ。………………192
無責任なことを言わないで。…219

め
面倒くさい！……………………119

も
もういいよ。………………65, 109
もう一度言ってもらえませんか。
………………………………235
儲かりますように！……………169
もう結構です。……………………65
もうそのくらいにしたら？……233
もちろん、いいですよ。………128
もちろんです。……………………76

や
約束します。……………………144
約束ですよ。……………………167
約束は守らないと。……………227
やっと安心しました。…………229
やっと終わりました。…………237

ゆ
ゆっくりでいいですよ。………121

よ
ようこそ。…………………………53
要するに。…………………………61
様子を見ます。…………………107
よく当たったね。………………161
よくわかりません。……………142

り
理解しがたいですね。…………227

れ
連絡を取り合いましょう。……177

わ
わかった？………………………235
わかりました。……………………78
別れました。………………………59
忘れないでね。…………………115
話題を変えましょう。…………217
私が思うに。………………………55
私がしましょう。…………………59
私に任せてください。…………152
私の言った通りでしょう。……225
私一人で大丈夫です。…………225
割り勘にしましょう。…………165

●著者紹介

王 丹 Wang Dan

北京生まれ。1984年、北京第二外国語学院日本語科卒業。1992年、大分大学大学院経済学科修士課程修了。1995年よりNHK報道局「チャイナ・ナウ」の専属通訳、NHKスペシャル、衛星ハイビジョン特集番組、「アジア・ナウ」の通訳を経て、2001年4月より国士舘大学非常勤講師。主な著書に『始めて学ぶ中国語』（神保出版）、『新ゼロからスタート 中国語 文法編』、『ゼロからスタート 中国語 文法応用編』、『単語でカンタン！ 旅行中国語会話』、『ゼロからスタート 中国語単語』（以上、Jリサーチ出版）がある。

カバーデザイン 滝デザイン事務所	本文デザイン／DTP　秀文社
イラスト 藤井アキヒト	編集協力 Paper Dragon LLC

本書へのご意見・ご感想は下記URLまでお寄せください。
http://www.jresearch.co.jp/contact/

世界一やさしい
すぐに使える中国語会話 超ミニフレーズ300

平成27年（2015年）7月10日　　初版第1刷発行
令和 元 年（2019年）12月10日　　第3刷発行

著　者　　王　丹
発行人　　福田富与
発行所　　有限会社Jリサーチ出版
　　　　　〒166-0002 東京都杉並区高円寺北2-29-14-705
　　　　　電　話　03(6808)8801(代)　FAX 03(5364)5310
　　　　　編集部　03(6808)8806
　　　　　http://www.jresearch.co.jp
印刷所　　株式会社　シナノ パブリッシング プレス

ISBN978-4-86392-235-8　禁無断転載。なお、乱丁・落丁はお取り替えいたします。
© 2015 Wang Dan, All rights reserved.